Klaus Blessing / Wolfgang Kühn

Die zementierte Spaltung

Klaus Blessing / Wolfgang Kühn

Die zementierte Spaltung

Der Osten bleibt abgehängt.
Fakten, Zahlen, Statistiken

ORIGINALAUSGABE
edition berolina

MIX
Papier aus verantwortungsvollen Quellen
FSC® C014496
www.fsc.org

ISBN 978-3-95841-000-8
1. Auflage
Alexanderstraße 1
10178 Berlin
Tel. 01805 / 30 99 99
FAX 01805 / 35 35 42
(0,14 €/Min., Mobil max. 0,42 €/Min.)

Umschlagabbildung: alexyndr – Fotolia.com (Riss),
designelements – Fotolia.com (Beton), meshmerize – iStock (Karte)
Druck und Bindung: GGP Media GmbH, Pößneck

www.buchredaktion.de

Vorbemerkung

Im Jahr 2010 erschien mein Buch »Die Schulden des Westens«. Innerhalb kurzer Zeit erreichte es mehrere Auflagen und platzierte sich auf Bestsellerlisten. Mit dem Buch hatte ich die ökonomischen und finanziellen Probleme zwischen Ost- und Westdeutschland vom Kopf auf die Füße gestellt. Ich habe nachgewiesen, dass nicht der Osten dem Westen für die großzügige Aufbauhilfe und die Transferströme »etwas schuldet«, sondern die Situation umgekehrt ist. Seit Gründung beider deutscher Staaten und auch nach dem Beitritt der DDR zur BRD plündert der Westen den Osten aus. Von den meisten ostdeutschen Lesern wurde diese Dokumentation mit großer Zustimmung aufgenommen, gab sie ihnen doch ein Teil ihres Selbstbewusstseins zurück. Leser aus dem Westen äußerten sich z. B. so: »Wenn die Nachweise des Autors stimmen – und die Quellen sind eigentlich seriös – muss man über die ökonomischen Ost-West-Beziehungen neu nachdenken.«

Die Entwicklung ist seitdem weiter fortgeschritten und bald ist ein Vierteljahrhundert nach dem Anschluss der DDR an die BRD erreicht. Die Probleme sind nicht kleiner geworden. Die DDR-Wirtschaft wird nach wie vor als pleite, marode, unproduktiv verunglimpft. Der »Aufbau Ost« ist ins Stocken geraten und die wirtschaftliche und soziale Schere öffnet sich wieder, anstatt sich zu schließen. Die Krisenpolitik führt zur noch größeren Polarisierung zwischen armen und reichen Ländern, Regionen und Bürgern.

Wir standen vor der Frage, das inzwischen vergriffene Buch zu aktualisieren und wieder aufzulegen oder ein neues Buch zu publizieren. Wir haben uns für den zweiten Weg entschieden und greifen aus aktueller Sicht vor allem die Frage auf, was eigentlich nach fast 25 Jahren aus der Wirtschaft und den sozialen Errungenschaften der DDR geworden ist. Ich bin Wolfgang Kühn – mit dem ich bereits im Jahre 2011 »Der Osten hängt am Tropf« publiziert habe – dankbar, dass er zur Zusammenarbeit bereit war und wesentliche Aussagen des jetzt vorliegenden Buches über die ökonomische und soziale Zementierung der Spaltung Deutschlands erarbeitet hat. Einige wesentliche Aussagen aus den »Schulden des Westens« und »Der Osten hängt am Tropf« werden wir dabei einbinden.

Wir sind uns im Klaren, dass die ostdeutschen Probleme eingebettet sind in die globalen, vom Kapital dominierten Ausbeutungsverhältnisse auf diesem Planeten. Auch Ostdeutschland wird nur dann wieder eine den Menschen dienende Zukunft haben, wenn diese Verhältnisse sich grundlegend verändern werden.

Dieser Thematik habe ich mich umfassend in dem im gleichen Verlag erschienenen Buch »Die sozialistische Zukunft – Kein Ende der Geschichte« gewidmet.

Klaus Blessing

Inhalt

Vorwort: Warum ein neues Buch zu Ostproblemen? 9

Die Verleumdung der DDR-Wirtschaft ist aktuell 17

Fakten über die Wirtschaft der DDR 29

War die DDR ein unterentwickeltes Land in Europa? 29
Das Wirtschaftswachstum der DDR hielt dem des Westens stand 30
War die DDR-Wirtschaft unproduktiv? 34
Investitionen in der DDR – Konzentration auf Schlüsselindustrien 37
Der Außenhandel – Ursache des ökonomischen Untergangs? 39
Die DDR-Auslandsschulden 41
Hat »KoKo« ökonomisch zum Untergang der DDR beigetragen? 45
Wie hoch war die »Innere Staatsverschuldung« der DDR? 49
War eine Mark der DDR nur 0,25 DM wert? 53
Sarrazins Lügen über die Währungsunion 54
Was sind Transferleistungen? 58
Der Wirtschaftsboom West durch den Beitritt der DDR 61
Die Schulden des Westens – 4 Billionen DM bis zum Jahr 2000 62

Die zementierte Spaltung 69

Schlichte Euphorie oder Sachverstand? 69
Wie steht es um die Wirtschaftskraft der neuen Bundesländer? 75
Die gescheiterte Theorie der Leuchttürme 78
Die Einkommen der Bevölkerung 80
Wo bleibt das deutsche Beschäftigungswunder? 85
Gleicher Lohn für gleiche Arbeit – in den neuen Bundesländern eine Fiktion 97
Die Bundesrepublik vereint – der holprige Start in das Berufsleben der jungen Generation 101
Der provozierte Geburtenschwund 106
Sind die Rentner Gewinner der Einheit? 112
Ostdeutschlands gegenwärtige Bevölkerungsstruktur ist das Muster der Bundesrepublik vom Jahr 2035 119
Wachstumsträger Industrie lahmt in Ostdeutschland 124
Neue Elbjunker ohne Adelstitel eroberten Ostdeutschland 129
Kahlschlag beim Obstanbau 134
Ein Resümee 135

Anlagen 139

Anlage 1: Auszüge aus Matthias Judt »Der Bereich Kommerzielle Koordinierung – Das Wirtschaftsimperium des Alexander Schalck-Golodkowski – Mythos und Realität« Verlag Chr. Links, 2014 139
Anlage 2: Auszug aus »Die Schulden des Westens«: Alt-Nazis bereiten den Coup vor 143
Anlage 3: Bisher unveröffentlichtes Geheim-Dokument aus dem Jahre 1989: »Der schonungslose Vergleich mit dem Westen« – Auszüge und Kommentare 148

Vorwort
Warum ein neues Buch zu Ostproblemen?

Es ist nun fast ein Vierteljahrhundert vergangen, seit die DDR aufhörte, als politisch, ökonomisch und juristisch selbständiger Staat zu existieren. Man sollte meinen, dies ist eine so lange Zeit, dass es nicht mehr lohne, sich mit diesem untergegangenen Staatswesen ständig zu beschäftigen. Jedoch weit gefehlt. Es gibt zwei Leitlinien in der politischen Debatte: Zum ersten: Die richtungweisenden Meinungsmacher werden nicht müde, immer und immer wieder neue Verleumdungsfeldzüge gegen die DDR zu starten. Die DDR-Wirtschaft war pleite, unproduktiv, marode. Viele Ost-Bürger beschäftigt nach wie vor im Wesentlichen die Frage: »Warum ist es schiefgegangen?« Welche Ehre für einen vor 25 Jahren Verstorbenen! Aber der herrschenden »Elite« bleibt wohl nichts anderes übrig, als angesichts der kaum zu beherrschenden eigenen Probleme alles in die Waagschale zu werfen, um den noch denkenden und fragenden Bürgerinnen und Bürgern eine DDR zu zeichnen, die von Diktatur, Stasi, Mauer, Bankrott, Pleite und Marodem strotzt. Und die »Eliten« sind besorgt, es könnte Positives am Vergangenen entdeckt werden. Die Regierung der BRD konstatiert in ihrem aktuellen Jahresbericht zur deutschen Einheit: *Durch den wachsenden zeitlichen Abstand zur friedlichen Überwindung der deutschen Teilung entwickeln sich insbesondere bei jungen Menschen zwei Tendenzen in der Wahrnehmung der DDR, die besorgniserregend sind: die Verharmlosung, mitunter sogar Verklärung des Lebens unter der SED-Diktatur und das ausgeprägte Nichtwissen über die DDR und die dort herrschenden Verhältnisse. … Einen Schlussstrich unter die Auseinandersetzung mit der kommunistischen Diktatur in*

Deutschland wird es auch fast 25 Jahre nach dem Ende der DDR nicht geben.

Anlässlich der zu erwartenden Jubiläen zum »Mauerfall« und der »Wiedervereinigung« sind kulturelle und publizistische Produkte in diesem Sinne zu erwarten. Im Gegensatz dazu wollen wir eine ausgewogene Faktensammlung zur Wirtschafts- und Sozialpolitik anbieten.

Einen Vorgeschmack auf die Qualität der Auseinandersetzung mit der Wirtschaftspolitik der DDR haben wir bereits bekommen. Ausgerechnet die Frankfurter Allgemeine Zeitung – führendes Blatt der Großbourgeoisie – war sich nicht zu schade, Demagogen, die sich für exzellente Kenner der DDR ausgeben, zu Wort kommen zu lassen.[1] Der Leser möge Nachsicht üben, auf welches niedrige Niveau der Argumentation wir uns bei der Auseinandersetzung mit diesen Auffassungen begeben müssen. Eine zweite Linie der zu erwartenden »Propagandaschlacht« wird versuchen, den »Aufbau Ost« zu verklären oder Ausreden zu finden, warum eben doch keine blühenden Landschaften entstanden sind.

Die Absurditäten in der Verleumdung der DDR-Wirtschaft ziehen aber aktuell durchaus breitere und offiziöse Kreise. Pünktlich zum 23. Jahrestag erschien der jedes Jahr fällige »Jahresbericht der Bundesregierung zum Stand der Deutschen Einheit.« Die Regierung kommt nicht umhin, darin auch festzustellen: *Der Angleichungsprozess (Ostdeutschlands) an das Wirtschaftsniveau in Westdeutschland hat sich in den letzten Jahren allerdings deutlich verlangsamt. Zwischen Ost- und Westdeutschland bestehen noch spürbare Unterschiede in der Wirtschaftskraft je Einwohner; den Löhnen und Gehältern fort. Gleiches gilt auch für das Steueraufkommen. Die Arbeitslosenquote liegt immer noch deutlich über dem Niveau Westdeutschlands.*

---

1 »20 Jahre deutsch-deutsche Währungsunion: War sie ein Fehler, Herr Sarrazin?« FAZ vom 1. 7. 2010
Richard Schröder »Ruin – lieber mit statt ohne Einheit« FAZ vom 4. Februar 2013

Einflussreiche Vertreter der deutschen Presselandschaft verleiten diese Feststellungen zu bemerkenswerten Schlussfolgerungen. Der Herausgeber des Tagesspiegel nimmt diesen Zustand zum Anlass, die Anforderungen aus Artikel 72 des Grundgesetzes grundsätzlich in Frage zu stellen.[2] *Gleichwertig ist nicht gleich*, meint er. Und: *Deutschland zwischen Süd und Nord, Ost und West, war mental und wirtschaftlich nie gleich und wird es hoffentlich nie werden. Aber der jährliche Bericht zur Einheit des Landes sollte langsam beginnen, das Ganze in den Blick zu nehmen.*

Gedeckt ist diese Aussage regierungsoffiziell. Auch die Bundesregierung kapituliert vor der Aufgabe. Im Jahresbericht konstatiert sie: *Insgesamt sind Fortschritte bei der Herstellung gleichwertiger Lebensverhältnisse sichtbar. Dabei besteht kein Anspruch auf ein an jedem Ort in Deutschland gleiches, identisches Angebot. Das gilt insbesondere auch für die Leistungen der Daseinsvorsorge. Gleichwertigkeit der Lebensverhältnisse erlaubt und ermöglicht Diversität in allen Regionen des Landes.*

Diese Aussagen sind sowohl falsch als auch richtig. Falsch ist, zu suggerieren, dass es keine speziellen Ostprobleme mehr gäbe und alles im allgemeinen Einheitsbrei untergehen möge. Es gibt nach wie vor gravierende eigenständige Ostprobleme. Sie unterscheiden sich von denen in den »abgehängten« Westregionen nicht nur graduell, sondern auch dadurch, dass sie im Osten fast flächendeckend auftreten, im Westen Deutschlands jedoch lokal.

Richtig ist allerdings, dass es nach 23 Jahren Integration der DDR in die politischen, ökonomischen und juristischen Bedingungen der BRD keine von diesem System losgelösten eigenen Lösungen mehr geben kann.

Für den Herausgeber des Tagesspiegel sind die Ursachen des Zurückbleibens Ostdeutschlands schnell ausgemacht: *Die schnöde Wahrheit ist, dass 40 Jahre Misswirtschaft, Enteignung und Demotivation durch den real existierenden Sozialismus die eins-*

2 Gerd Appenzeller »Ost und West sind gleichwertig, aber nicht gleich« Leitkommentar im Tagesspiegel vom 21.11.2013

tige DDR furchtbar zurückgeworfen haben, während im gleichen Zeitraum in der alten Bundesrepublik breiter Wohlstand geschaffen wurde.

Kaum zu glauben! Ein Vierteljahrhundert »danach« ist immer noch die DDR an der Misere in Ostdeutschland schuld! In diesen Zeiträumen werden in vielen Staaten der Welt völlig neue Wirtschaftsstrukturen geschaffen, wenn der politische Wille dazu da ist. Man braucht als Beispiel nicht unbedingt nach Fernost – Japan, Südkorea, China – blicken. Die DDR selbst hat den Beweis geliefert, was in 23 Jahren Aufbauarbeit geleistet werden kann. Wir würden in der DDR nach 23 Jahren das Jahr 1972 schreiben. Die noch lebenden DDR-Bürger werden sich erinnern, was in dieser Zeit ein »demotiviertes« Volk aus den Trümmern der Nachkriegszeit trotz Spaltung, Wirtschaftsembargo, langer Zeit offener Grenzen und Millionen abgewanderter Bürger geschaffen hat. Die DDR hatte sich aus den Trümmern und der Teilung zu einem politisch und wirtschaftlich anerkannten Staat entwickelt. Sie stand kurz vor der Aufnahme in die UNO, die am 18. September 1973 als 133. Staat erfolgte. Der notwendige Aufbau der Schwerindustrie – Energie, Metallurgie, Chemie, Schwermaschinenbau – war im Wesentlichen abgeschlossen. Die Wirtschaft der DDR war in den 23 Jahren seit Gründung auf das 5-fache, die Industrieproduktion auf das 6,5-fache gestiegen. Die Bevölkerung hatte sich mit 17 Millionen Bürgern stabilisiert. 7,8 Millionen Menschen waren in Arbeit. Die DDR stellte sich verstärkt sozialen Aufgaben. Der VIII. Parteitag orientierte auf die weitere Erhöhung des Volkswohlstandes mit dem Wohnungsbauprogramm als Kernstück. Konkret werden im Jahre 1972 beschlossen: Die Erhöhung der Rentenbezüge für 3,9 Millionen Bürger, die Verkürzung der Arbeitszeit und die Verlängerung des Mindesturlaubs für werktätige Mütter mit zwei und mehr Kindern, Fahrpreisermäßigungen und zinslose Darlehen und Mietsenkungen für junge Familien.

Was wurde in nunmehr fast einem Vierteljahrhundert »Aufbau Ost« in dem »von der Diktatur und der Planwirtschaft« befreiten Wurmfortsatz des westdeutschen Kapitals erreicht? Der Jahresbericht 2013 konstatiert: *Fast eine Generation nach der Wiedervereinigung haben sich die ökonomischen Lebensverhältnisse in den ost- und westdeutschen Bundesländern, insbesondere der materielle Wohlstand, deutlich verbessert.* Für wen, ist die Frage. Die im Buch dokumentierte Vermögens- und Einkommensentwicklung zeigen, wie sich der Wohlstandszuwachs überwiegend auf die Oberschicht dieses Landes konzentriert.

Die wirtschaftliche und soziale Eigenentwicklung Ostdeutschlands ist mehr als dürftig. Hier die Hauptaussagen: Die alles dominierende Steigerung des Bruttoinlandsproduktes betrug in den 23 Jahren gerade das 2,3-Fache. Und das mit zwei stets verschwiegenen Tricks: Die Aussage bezieht sich auf das Ausgangsjahr 1991. Da war die DDR-Wirtschaft aber bereits weitgehend zerstört. Nehmen wir das Endjahr der DDR als Bezugsbasis, ist die Steigerung nur das 1,5-Fache wert. Und diese beruht allein auf dem Dienstleistungssektor. **Bei der Industrieproduktion erreicht der Osten Deutschlands nach 23 Jahren Aufbau Ost etwa das Niveau des Endjahres der DDR**. Die Chance, innerhalb eines Vierteljahrhunderts tatsächlich eine neue blühende Wirtschaft aufzubauen, wurde nie ernsthaft in Angriff genommen. Deshalb sind ostdeutsche arbeitsfähige und arbeitswillige Bürger millionenfach in den »Goldenen Westen« ausgewandert. Die Bevölkerungszahl Ostdeutschlands schrumpft. Sie wird älter und hat eine doppelt so hohe Arbeitslosenrate wie der Westen.

Warum? Bei Kenntnis dieser Negativentwicklung taucht immer wieder die Frage auf, »Fehlentwicklung« oder »Masterplan«? Ein Leser schrieb: »Noch sinniere ich nach einer höheren Logik der Vorgänge, sofern es die überhaupt gibt«. Wir weisen im Buch nach: Die gibt es sehr wohl. Es ist eben nicht so, wie Einheitspolitiker schon vor Jahren nachweisen wollten, die Prozesse der Einheit seien »am Ziel vorbei« gestaltet worden. Nein, die Treffer gingen »mitten ins Schwarze«. Und natürlich war es auch nicht so, dass die Einheitsprozesse die westdeutschen Politiker unvorbereitet überrollten, wie selbstverliebte und eitle Beteiligte behaupten. Die Prozesse wurden seit der deutschen Teilung zielgerichtet, unter breiter Nutzung von Erfahrungsträgern aus der NS-Zeit, vorbereitet. (siehe Anlage 1: Auszug aus »Die Schulden des Westens«)

Die Ziele des westdeutschen Kapitals, umgesetzt von den in der Wendezeit agierenden Politikern, waren klar und eindeutig:

Vorrangig ging es um die Enteignung der ostdeutschen Bevölkerung. Erstes und wichtigstes Ziel war es, Volksvermögen in Privatbesitz zu verwandeln. Das war nicht nur eine ökonomische Frage. Es war die Hauptmaßnahme, um eine sozialistische Gesellschaft auf lange Zeit unumkehrbar wieder in eine kapitalistische zurück zu verwandeln. Dabei hat die Treuhand im Auftrag der westdeutschen Politik ganze Arbeit geleistet.

Gleichzeitig wurde damit das Ziel durchgesetzt, die ostdeutsche Konkurrenz auszuschalten. Es war ja keineswegs so, dass alles in der DDR marode war. Vieles wurde marode gemacht und manches Filetstück produziert heute für den Profit der in Ostdeutschland nunmehr ansässigen BRD-Konzerne.

Beides – Privatisierung und Bankrott – machten den Weg frei für die Ausdehnung der ökonomischen Macht der bundesdeutschen Konzerne gen Osten. Unvermittelt fiel dem Kapital ein Absatzgebiet mit damals über 16 Millionen Einwohnern in die Hände. Natürlich reichte das nicht. Die EU-Grenzen wurden immer weiter gen Osten verschoben. Und wenn das nicht planmäßig verläuft, werden Krawalle made in Kiew organisiert, um den Prozess notfalls auch gewaltsam voranzutreiben – über Kiew hinaus bis an und hinter das Schwarze Meer. Das Kapital braucht zum Überleben neue Absatzmärkte. Wo soll es denn hin mit seinem »Produkt-Schrott«?

In »Die Schulden des Westens« hatte ich (K.B.) dargelegt, in welchem Maße der Westen von einer wirtschaftlichen Entwicklung in der DDR bis 1989 und einer Ausplünderung Ostdeutschlands danach profitiert hat. Meine Berechnungen darüber habe ich damals bis zum Jahre 2000 geführt. Das Ergebnis war: Der Westen hat durch einseitige Reparationsleistungen der DDR einerseits und Marshallplan andererseits, Abwerbung und Abwanderung von Millionen Menschen vor und nach dem Anschluss der DDR, innerdeutschen Handel und nicht zuletzt Raub des Volksvermögens, dem Osten einen Schaden von fast 4 Billionen DM zugefügt. Dem steht durch Abwanderung von Millionen Menschen vor und nach der »Wende« ein fast gleich hoher Nutzen für den Westen gegenüber. Man könnte diese Rechnung weiter führen bis zum Jahre 2013, die Schulden verzinsen und weitere Vorteile hinzufügen. Wir verzichten auf derartige Neuberechnungen. Es geht nicht darum, ständig neue Rechnungen zu präsentieren, sondern das Problem grundsätzlich vom Kopf auf die Füße zu stellen: **Nicht der Osten schuldet dem Westen, sondern umgekehrt, der Westen hat Bringschuld gegenüber dem Osten.** Die errechnete Größe stellt die Dimension des Problems dar, keine buchhalterische Bilanz.

Die Diktion im »Jahresbericht der Regierung« lautet: *Verharmlosung, Verklärung der SED-Diktatur und Nichtwissen über die DDR kann nur entgegen gewirkt werden, wenn auch weiterhin eine Auseinandersetzung mit dem historischen Erbe des vereinigten Deutschlands erfolgt. Die Aufarbeitung des SED-Unrechts bleibt daher auch fast 25 Jahre nach der Wiedervereinigung eine aktuelle gesellschaftspolitische Aufgabe. ... Sie ist ein wesentlicher Beitrag zur Gestaltung der inneren Einheit unseres Landes.*

Der letzte Satz ist wohl zynischer nicht zu formulieren. Wir werden nachweisen, wie auf ökonomischem und sozialem Gebiet nicht Einheit gestaltet, sondern Spaltung zementiert wird. Dieser Nachweis erscheint umso notwendiger, als sich in Teilen der Öffentlichkeit zunehmend Nüchternheit und Realität breit machen. Zunehmend werden Stimmen laut, die kurz nach der bejubelten Einheit noch nicht denkbar waren. Nicht nur einmal, sondern immer mehr äußern sich Bürger so: »Auch ich bin 1989 auf die Straße gegangen und wollte eine andere Politik. Angesichts dessen, was über uns gekommen ist, schäme ich mich heute dafür, ich entschuldige mich.« Eine Frau meinte sogar: »Ich will die DDR wiederhaben. Ich nehme sie so, wie sie war.«

Wir gehören nicht zu denen, die meinen, die DDR so wieder

haben zu wollen, wie sie war. Sie hatte genügend politische und ökonomische Defizite, die letztlich zu ihrem Scheitern geführt haben. Wir gehören aber eindeutig zu jenen, die der Auffassung sind, dass gerade aus diesem Scheitern prinzipielle Schlussfolgerungen für das Heute zu ziehen sind. Denn dass das jetzige System unfähig ist, die herangereiften gesellschaftlichen Probleme zu lösen, dürfte jedem denkenden Bürger täglich immer klarer werden.

Die Verleumdung der DDR-Wirtschaft ist aktuell

Auf ökonomischem Gebiet sind Behauptungen von der »Pleitewirtschaft«, dem »Staatsbankrott«, der »unproduktiven Mangelwirtschaft«, dem »Versagen der sozialistischen Planwirtschaft« und andere Thesen Dauerbrenner der Verleumdungskampagnen. Sie sind regierungsoffizielle Propaganda und werden in Talkshows, Interviews, Artikeln und Reden benutzt – insbesondere von Leuten, die von Ökonomie nicht die geringste Ahnung haben. Keine Parole ist platt genug, um sie nicht wiederzukäuen, weil sie der offiziellen Lesart entspricht.

In der Frankfurter Allgemeinen vom 4. Februar 2013 attackiert der Theologe Richard Schröder – nicht zum ersten Mal – die DDR-Wirtschaft auf die unqualifizierte und verleumderische Art und Weise. Sein Titel: »Ruin – lieber mit statt ohne Einheit«.

Mein Antwortbrief an den Theologen Prof. Richard Schröder lautete: »Ökonomie – lieber ohne statt mit Richard Schröder«.

Leider wurde dieser nicht veröffentlicht. Auch andere Presseorgane waren aus unterschiedlichen Gründen daran nicht interessiert. Deshalb stellte ich diese Antwort in das Internet mit der ausdrücklichen Bitte und Freigabe zur Weiterverbreitung.[3]

Hier der volle Wortlaut: »Theologieprofessor Richard Schröder trieb es wieder einmal auf das Glatteis

3 www.klaus-blessing.de

der Ökonomie. Nicht, dass er als Mitglied des Ethikrates und Christ etwa Kritik an der verheerenden Wirtschaftspolitik in der EU übte, die Aber-millionen Menschen in Not und Elend treibt. Nein, der Professor betreibt Leichenfledderei. Er seziert einen vor fast einem Vierteljahrhundert Verstorbenen, die sozialistische Planwirtschaft im Allgemeinen und das Wirken der Treuhand im Besonderen. Bar jedweder Sachkenntnis, geschweige denn Erfahrung in wirtschaftlichen Prozessen, kommt der Theologe zu gar wundersamen Aussagen. Der FAZ-Artikel strotzt von ökonomischer Unkenntnis und Vulgärökonomie in jedem der dargelegten Teile. Ein mit mir befreundeter Ökonom schrieb: »Einen solchen Mist habe ich noch nie gelesen. Neben alten Kalauern strotzt der Artikel nur so von Unkenntnis.« Eine sachbezogene Erwiderung ist deshalb unmöglich und auch nutzlos. Ich beschränke mich auf einige besondere Auswüchse in der Schröder'schen Argumentation.

Es geht gleich bei der ersten Argumentationslinie richtig los. Also, angeblich habe die Treuhand 3 Millionen Arbeitsplätze vernichtet, aber es waren doch 1992 »nur« 1,2 Millionen Arbeitslose gemeldet. Herr Schröder wittert »Betrug, Betrug«. Jedoch: Die Anzahl der Beschäftigten in Treuhandfirmen sind nicht erfunden, sie stammen vom Institut für Arbeitsmarkt- und Berufsforschung der BA für Arbeit Nürnberg, »Umfrage 19/1995, Seite 16«: Beschäftigte Januar 1990 = 4080 Tsd. Personen, Oktober 1994 = 1096 Tsd. Personen, also 3 Millionen vernichtete Arbeitsplätze. Wo sind sie denn aber geblieben, wenn es »nur« 1,2 Millionen Arbeitslose gab. Ja, Herr Schröder, sie sind überwiegend schlicht »ausgewandert« in den »Goldenen Westen«, wie zu Zeiten der offenen Grenzen. Im Zeitraum 1989 bis 1992 verließen ca. 1,3 Millionen Menschen – überwiegend im arbeitsfähigen Alter – den Osten, weil sie dort keine Arbeit mehr hatten. Und steigerten im Westen das Bruttosozialprodukt.

Herr Schröder fragt: »Aus 600 Milliarden Industrievermögen der DDR sollen in vier Jahren 250 Milliarden Schulden geworden sein, so eine gängige Behauptung. Wie wurden die 600 Milliarden berechnet?« Herr Schröder, bevor ich polemisiere, mache ich mich sachkundig. Also: Der offizielle Grundmittelbestand der produktiven Bereiche in der Volkswirtschaft der DDR betrug 1,2 Billionen Mark der DDR. Legt man den offiziellen Umtauschsatz der Währungsunion für die Bestandsgrößen zugrunde, kommt man auf die Größe von 600 Mrd. DM – ohne Grund- und Boden, Wohnungsfonds und Sondervermögen. Bezieht man diese Werte mit ein, ergeben sich insgesamt mindestens 1,6 Billionen DM DDR-Vermögen. Und die »gängige Behauptung« über den Verlust der Treuhand ist keine »Behauptung«, sie ergibt sich aus der offiziellen Abrechnung der Treuhand per 31.12.1994. Unter dem Posten »Kreditaufnahme auf dem Kapitalmarkt« werden 264 Milliarden DM ausgewiesen, das ist der von der Treuhand zu verantwortende Schuldenberg.[4]

Der Theologe Schröder, der als Pfarrer und Dozent für Philosophie zu DDR-Zeiten sicher nie einen Betrieb von innen gesehen, geschweige denn an Leitungsprozessen teilgenommen hat, erklärt dem staunenden Leser dann weiter, **dass volkseigene Betriebe weder Bilanzen aufstellen noch Gewinn und Verlust ausweisen, nie den Gewinn versteuern usw. durften und konnten. »Die betriebswirtschaftliche Rechnungsführung war abgeschafft« und »um das Recht auf Arbeit nicht zu gefährden, wurde der Rationalisierungsmittelbau einge-**

4 Alle Aussagen dokumentiert in den Publikationen von Siegfried Wenzel »Was war die DDR wert?« und »Was kostet die Wiedervereinigung?« – edition ost und auch Klaus Blessing »Die Schulden des Westens« – edition ost, sowie Blessing/Kühn »Der Osten hängt am Tropf« – Verlag am park

schränkt«, meint er. Jeder Werktätige, erst Recht jeder Betriebsleiter, Ökonom oder Hauptbuchhalter kann ob solcher Dummheiten nur in schallendes Gelächter ausbrechen. Es ist wohl war, dass ökonomische Kategorien nicht ausreichend beachtet wurden, gestützte Preise und Subventionen ihre Wirkung gefährdeten, aber sie waren existent und sogar die Prämierung richtete sich nach dem Gewinn und wurde aus diesem gespeist. Es gab das staatliche Abführungsnormativ »Nettogewinnabführung« und es gab sogar ein vom Verlag »Die Wirtschaft« herausgegebenes 530-seitiges Lexikon Rechnungsführung und Statistik, in dem u.a. detailliert beschrieben ist, wie Bilanzen in den Betrieben aufzustellen sind.

Der Herr Theologe meint auch, **dass ostdeutsche Unternehmen gar keine Kundenkarteien hatten.** Nanu, wohin lieferten sie denn ihre Produkte? An die Plankommission, die sie dann verteilte und verschickte? Oder, wie Herr Schröder schreibt: »Findige Rechner konnten den Plan noch schnell durch das Umdirigieren von Güterwagen erfüllen, ohne ein einziges Produkt zusätzlich hergestellt zu haben, da dasselbe Produkt höher bewertet wurde, wenn es in die Sowjetunion ging.« Herr Schröder: Ob gut und richtig oder falsch, in der DDR gab es Festpreise, unabhängig davon, wo das Produkt hinging. Und: Die Kundenkarteien waren das Interessanteste und Erste, was sich die westlichen Unternehmer aus den Betriebsunterlagen der VEB aneigneten, natürlich vorrangig die für Osteuropa. Denn es geschah das gar Wundersame, dass der Osthandel der DDR-Unternehmen tatsächlich zusammenbrach, um innerhalb von wenigen Jahren als Handel westdeutscher Unternehmen wie Phoenix aus der Asche in gleicher Höhe wieder aufzuerstehen. Um diese Verlagerung zu bewerkstelligen, saß ja beispielsweise der Vorstandschef von Schloemann-Siemag, Herr Heinrich Weiss, umgehend in dem am 22. August 1990 gebildeten Aufsichtsrat vom DDR-Konkurrenten SKET Magdeburg.

Herr Schröder weiß auch, wie er schreibt, dass man im Sozialismus »gelegentlich tatsächlich auf Halde produziert hat (ich weiß das von einer vollautomatischen Waschmaschine)«. Ich weiß, dass im VEB Kombinat Haushaltgeräte Karl-Marx-Stadt eine hervorragende eigenverantwortliche wissenschaftlich-technische Arbeit geleistet wurde. Das führte auch dazu, dass in dem »Foron«-Betrieb in Scharfenstein 1993 der weltweit erste FCKW- und FKW-freie Kühlschrank entwickelt wurde. In kürzester Zeit kamen 100.000 Aufträge ins Werk. Anlass für die westdeutschen Konkurrenten von Siemens, Bosch, AEG, Bauknecht, Miele, Electrolux und Liebherr ihre Händler aufzufordern, den Foron-Kühlschrank nicht mehr auf die Verkaufslisten zu setzen, um dem Konkurrenten aus dem Osten Deutschlands keine Chance zu geben.

Hinsichtlich »Produktion auf Halde« weiß ich auch, dass doch tatsächlich in der gepriesenen Marktwirtschaft modernen Zuschnitts gelegentlich Abertausende PKW auf Halde liegen und noch mehr Computer verschrottet werden, da kein Bedarf mehr vorliegt, wenn dem staunenden Kunden schon wieder ein neues Modell aufgeschwatzt wurde.

Besonders schlecht abgeschrieben und außerdem noch falsch zitiert – das soll ja heutzutage verheerende Folgen bis zum Rücktritt haben – hat der Herr Theologe über die Mikroelektronik der DDR. Er meint, dass die großen und teuren Anstrengungen der DDR für die **Mikroelektronik für den »Autofocus und die Belichtungsautomatik« einer Kamera notwendig waren**. Vielleicht fragt der unwissende Professor mal bei den politischen Wirtschaftseliten der BRD nach, warum diese mikroelektronische Bauelemente an vorderster Stelle in den Embargolisten führten. Der DDR blieb gar nichts anderes übrig, als für ihren hoch entwickelten Maschinenbau Eigenkapazitäten mit hohem Aufwand zu entwickeln, den sie gern in Zweigen der Konsumgüterindustrie – beispielsweise den Automobilbau – eingesetzt hätte. Den Forschern, Entwicklern und Werktätigen in den Kombinaten Carl-Zeiss-Jena, Mikroelektronik Erfurt und Dresden und anderswo, die aus eigener Kraft nicht nur Chips, sondern auch Ausrüstungen für die Mikroelektronik entwickelten, gebührt dafür höchste Anerkennung. Sodann legt Herr Schröder dem Vorsitzenden der DDR-Plankommission Gerhard Schürer noch in den Mund, er hätte empfohlen, »auf solch verrückten Ehrgeiz zu verzichten und im Zuge der Internationalen Arbeitsteilung sich bescheidener zu spezialisieren.« Schürer hat geschrieben: »*Die weitere Entwicklung verlangt dringend die Vertiefung der Kooperation, besonders mit der UdSSR.*« (Schürer-Bericht vom 30. Oktober 1989) Und Schürers Stellvertreter – Siegfried Wenzel – von dem Herr Schröder ohne Quellenangabe offensichtlich abgeschrieben hat, resümiert: »*Trotz der ungünstigen ökonomischen Gegebenheiten gab es zu diesem Weg bis zum 256-kbit-Speicher keine Alternative. Er war die Voraussetzung zur Einführung der Mikroelektronik in viele Erzeugnisse des Maschinenbaus und der Elektronik und auch von anderen sozialistischen Ländern sehr gefragt.*« (Siegfried Wenzel »Was war die DDR wert«, Berlin 2000, Seite 57)

Was soll das Gefasel unseres Theologen, dass ihm **außer Meißner Porzellan und Klavieren keine konkurrenzfähigen Produkte aus der DDR bekannt sind.** Wenn ihm die nicht bekannt sind, zeugt das von seinem ökonomischen Bildungsnotstand. Der Welt waren sie sehr wohl bekannt: Werkzeugmaschinen, Polygrafische Ausrüstungen, Textilmaschinen, Ausrüstungen für die Nahrungsgüterwirtschaft, Walzwerkausrüstungen, Krananlagen, Hochseetrawler, Reisezugwagen u.v.a. mehr. Ich empfehle dem Unwissenden, sich eine Aufstellung über die Nationalpreise für Wissenschaft und Technik der

DDR zu besorgen, da kann er seinen Bildungsrückstand auffrischen.

Es macht wenig Sinn, die Absurditäten im Artikel des Herrn Schröder weiter im Einzelnen zu entlarven. Kommen wir zur Grundaussage seines Pamphletes: Pleitewirtschaft der DDR. Herr Schröder weiß, »**dass die Verschuldung der DDR im Inland und in Devisen eine Höhe erreicht hatte, die ohne weitere Westkredite zur Zahlungsunfähigkeit geführt hätte.**« Woher weiß er das? Natürlich aus dem schon zigtausend Mal in westlichen Quellen zitierten »Schürer-Bericht«. Was der Herr Professor aber mangels seriöser Arbeit nicht weiß oder nicht wissen will, ist, dass der Schürer-Bericht falsch ist. Er wurde vom Ausarbeiter Schürer und vom Empfänger Egon Krenz inzwischen als solcher eingestuft und von der Deutschen Bundesbank sachlich widerlegt. Die Deutsche Bundesbank schreibt in ihrer Dokumentation »Die Zahlungsbilanz der ehemaligen DDR 1975 bis 1989« aus dem Jahre 1999: »Ende 1989 betrug die Nettoverschuldung (gegenüber westlichen Ländern K. B.) 19,9 Milliarden VM ... Für die DDR-Verantwortlichen stellte sich diese Entwicklung freilich erheblich bedrohlicher dar, da ihnen überhöhte Zahlen der Verschuldung und des Schuldenstandes vorgelegt wurden. (Nämlich 49,9 Mrd. Valutamark K. B.) ... Die internationalen Finanzmärkte sahen die Situation jedoch noch nicht als kritisch an. Sowohl im Jahre 1988 als auch 1989 konnten die DDR-Banken Rekordbeträge im Ausland aufnehmen.« Warum, Herr Schröder, nehmen Sie die jedem Interessierten zugänglichen Aussagen bundesdeutscher Quellen nicht zur Kenntnis, wenn Sie sich aufs ökonomische Glatteis begeben?

Dazu gehört auch und besonders eine Publikation des »Zentrum für Sozialökonomische Forschung Köln – Volkswirtschaftliche Gesamtrechnung DDR 1950–1989« aus dem Jahre 2009, aus dem Sie eine vergleichende Entwicklung der Volkswirtschaft der DDR und der BRD über den Gesamtzeitraum mit erstaunlichem Erkenntniswert entnehmen können. Insbesondere den: Die bankrotte, marode, unproduktive, durch Bürokraten geknebelte DDR-Wirtschaft hat sich im Zeitraum ihrer Existenz trotz Reparationsleistungen, offener Grenzen, Wirtschaftsembargo, Währungsspekulationen und anderer erschwerender Bedingungen auf das 6,5-fache, die der BRD auf das 4,5-fache (gemessen am BIP je Einwohner) entwickelt. Das zu betonen, bedeutet nicht, die Wirtschaft der DDR gesund zu beten. Es gab genügend Probleme und es blieb ein Rückstand in der volkswirtschaftlichen Produktivität gegenüber der hoch entwickelten BRD von ca. 45 Prozent.

Diese Probleme im Vergleich mit dem Wirtschaftssystem der BRD kritisch und sachlich aufzuarbeiten, daraus Schlussfolgerungen für die heutige Auseinandersetzung mit dem Krisen- und Pleitesystem kapitalistischer Staaten zu ziehen, ist ein Anliegen seriöser ökonomischer Forschung. Aber bitte nicht auf dem Niveau des Theologen Prof. Dr. h.c. Dr. Richard Schröder. Verschonen Sie uns bitte mit ihren unverdauten Erkenntnissen über die Ökonomie. Ihrer Profession entsprechend wäre es sicher erbaulicher, wenn Sie über die unbefleckte Empfängnis der Jungfrau Maria publizieren, als den Berufsstand der Ökonomen mit Ihren Ergüssen zu beflecken. – Klaus Blessing, März 2013«

Antwortbrief an »Das Parlament«: Die DDR stand vor keinem ökonomischen Desaster

Die offiziöse Wochenzeitung »Das Parlament« des Deutschen Bundestages –»Themenausgaben erfolgen in Abstimmung mit der Bundeszentrale für politische Bildung«, heißt es im Impressum – bringt in der Nr. 31 am 28.7.2014 vom Autor Peter Stützle einen Beitrag, der zwar im Stil seriöser, im Inhalt aber gleich verleumderisch ist, wie der Artikel von Richard Schröder. Unter dem Titel »Dem Untergang nahe. Kurz vor dem Mauerfall stand die DDR vor dem Ruin – und einem ökologischen Desaster« werden die gleichen alten, längst widerlegten und sachlich unhaltbaren alten Kamellen aufgelegt.

Wortlaut des Antwortbriefes:

> *In das Parlament Nr. 31 behauptet der Autor Peter Stützle, die DDR-Wirtschaft war 1989 »Dem Untergang nahe«. Das ist sachlich falsch. Er stützt sich vorrangig – wie viele andere vor ihm auch – auf das »Schürer-Papier« von 1989. Dieses entsprach jedoch in wesentlichen Aussagen nicht der Realität und wurde später vom Verfasser selbst – u. a. in seinem Buch »Gewagt und verloren« – korrigiert. Einen Gegenbeweis der relativ geringen Verschuldung führte die Deutsche Bundesbank im August 1999 in ihrem Material »Die Zahlungsbilanz der ehemaligen DDR 1975 bis 1989«.*
>
> ***Die durch Fakten belegte Entwicklung der DDR-Wirtschaft stellt sich wie folgt dar:***[5]
>
> In der DDR war im Jahre 1989 das Bruttoinlandsprodukt (BIP) je Einwohner gegenüber 1950 auf das 6,2-fache gewachsen, in der BRD auf das 4,3-fache. Der ***Rückstand in der gesellschaftlichen Arbeitsproduktivität*** gegenüber der BRD wurde dadurch verringert. Zum Zeitpunkt des Anschlusses der DDR an die BRD im Jahre 1989 hatte die DDR einen *Anteil an der westdeutschen Arbeitsproduktivität* von 55 Prozent (vergleichbar in Euro und auf BIP umgerechnet), also einen Produktivitätsrückstand von noch 45 Prozent. Zu Beginn des Wettlaufes 1950 betrug der Rückstand 60 bis 70 Prozent. Es war gelungen aufzuholen. Ein Angleichen oder gar Überholen erwies sich als Illusion und politisch falsche Orientierung.

5 Ich füge meiner Argumentation Faktenmaterial mit Quellenangaben bei.

Trotz intensiver Störmaßnahmen und ***einseitiger Belastungen*** wurde eine gute wirtschaftliche Entwicklung der DDR erreicht. Durch einseitige Reparationszahlungen, Abwerbung und Abwanderung in Zeiten der offenen Grenze, innerdeutschen Handel, 1989/90 geraubtes Volksvermögen, entzog der Westen dem Osten eine Wirtschaftskraft, die insgesamt einem Wertvolumen von fast 4 Billionen DM entsprach. Dieser Ausbeutungsprozess wurde nach der Wiedervereinigung insbesondere durch Abwanderung von über 3 Millionen Arbeitskräften weiter fortgesetzt.[6] Über den Betrug der Treuhand bei der Verschleuderung des Volksvermögens existieren unzählige Publikationen. Die verheerende Abschlussbilanz ist vorrangig Ausdruck der verheerenden Arbeitsweise dieser dem bundesdeutschen Finanzministerium unterstellten Institution.

Im Ergebnis der wirtschaftlichen Entwicklung erreichte die DDR 1989 im internationalen Vergleich ein ***Produktivitätsniveau*** von umgerechnet 12.700 Euro pro Kopf (Die BRD 22.500 Euro pro Kopf). Damit reihte sich die DDR an 14. Stelle unter führenden kapitalistischen Ländern ein. Sie lag annähernd gleich auf mit Großbritannien und Italien und deutlich vor Spanien, Griechenland, Portugal.

Die DDR erreichte durch die ökonomische Entwicklung ein ***Produktions- und Verbrauchsniveau*** je Einwohner, das auf vielen Gebieten dem der BRD entsprach. In der Ernährung und dem Verbrauch von Alltagsgütern lag es vielfach über dem der BRD, bei technischen Konsumgütern in Quantität und Qualität darunter.

6 Die Nachweisführung darüber ist in meinem Buch »Die Schulden des Westens« edition Ost 2010 geführt.

Die DDR hatte zum Zeitpunkt ihrer Angliederung 1989 keine ***Auslandsschulden.*** Realen Schulden in kapitalistischen Ländern (Nichtsozialistisches Wirtschaftsgebiet – NSW) von 19,9 Milliarden Valuta Mark standen Guthaben in sozialistischen Ländern (Sozialistisches Wirtschaftsgebiet – SW) – umgerechnet – von 23,3 Milliarden VM gegenüber.

Dass der Strauß-Kredit der DDR kurzfristig das Überleben der DDR-Wirtschaft sicherte, wie Stützle behauptet, ist eine Legende. Der »Straußkredit« war als politisches Signal für die Kreditwürdigkeit der DDR zu werten, damit wurde der von den USA eingefädelte Kreditboykott gegenüber den sozialistischen Ländern unterlaufen.

Die immer wieder aus dem ***Schürer-Bericht*** vom Oktober 1989 kolportierte Aussage von der bevorstehenden Zahlungsunfähigkeit der DDR ist längst widerlegt. Im Abschlussbericht der Deutschen Bundesbank vom Juli 1999 wird festgestellt:

»Die internationalen Finanzmärkte sahen die Situation jedoch nicht als kritisch an. Sowohl im Jahre 1988 als auch 1989 konnten die DDR-Banken Rekordbeträge im Ausland aufnehmen ... Netto, das heißt nach Abzug der Devisenreserven, erreichte die Verschuldung gegenüber den westlichen Ländern im Krisenjahr 1982 mit 25,1 Mrd. VM ihren Höhepunkt. Bis Ende 1985 ging sie auf 15,5 Mrd. DM zurück. Danach wuchs sie wieder an; Ende 1989 betrug die Nettoverschuldung 19,9 Mrd. VM.« Das waren 30 Milliarden weniger (!), als Gerhard Schürer und Mitunterzeichner in ihrer Vorlage vom Oktober 1989 behauptet hatten.

Die Rolle Günter Mittags in diesem Prozess ist bis heute nicht aufgeklärt. Seine im Artikel von Stützle zitierte Aussage über die bevorstehende »ökonomische Katastrophe« in der DDR ist unter Beachtung seiner faktischen Alleinverantwortung für die Wirtschaft der DDR dubios.

Die ***innere Staatsverschuldung*** der DDR war 1989 wesentlich geringer als die der BRD. Der damalige Bundesfinanzminister Waigel sprach im Deutschen Bundestag von einer DDR-Verschuldung von nur 13 Prozent des Bruttosozialproduktes. Das ergibt umgerechnet maximal 1.800 Euro je Kopf der Bevölkerung. Die BRD war bereits damals mit umgerechnet 8.100 Euro je Kopf der Bevölkerung verschuldet. Heute beträgt die Staatsverschuldung über 80 Prozent, das sind ca. 25.000 Euro pro Kopf. Der DDR war es überhaupt nicht möglich, sich wesentlich höher zu verschulden, da ein Eingriff des Internationalen Währungsfonds und der Weltbank verheerende, das soziale und politische Gefüge zerstörende, Folgen gehabt hätte. Diese kann man heute in den dem internationalen Kapital unterworfenen Südländern Europas nicht nur besichtigen. Millionen Menschen müssen sie Existenz bedrohend am eigenen Leibe erdulden. Demgegenüber waren die sozialen Bedingungen in der planwirtschaftlich geleiteten DDR um ein Vielfaches besser und stabiler. Missstände in der Infrastruktur, dem Umweltschutz, bei Dienstleistungen und der Modernisierung der Wirtschaft sind nicht zu leugnen.«

Es gehört offensichtlich inzwischen zum Stil des Organs des »Hohen Hauses« auf derartige Richtigstellungen noch nicht einmal eine Eingangsbestätigung, geschweige denn eine Veröffentlichung zu erfahren.

Fakten über die Wirtschaft der DDR

Wir geben im Folgenden keine tief schürfende Analyse der DDR-Wirtschaft, sondern widerlegen durch Fakten die Aussagen, die besonders verleumderisch sind.

War die DDR ein unterentwickeltes Land in Europa?

Zur wirtschaftlichen Lage der DDR gab es besonders in den 1990er Jahren viel Dichtung und wenig Wahrheit. Um mit einem Extrem zu beginnen:

Ulrich Blum, damals Chef des Instituts für Wirtschaftsforschung publizierte in einem Aufsatz: »Honeckers langer Schatten oder die aktuelle Wirtschaftsschwäche Ostdeutschlands«, dass nach seinen Berechnungen die DDR »nie das Wohlstandsniveau der 30er Jahre in Deutschland erreicht hatte.« Wie simpel seine Behauptungen sind, hier ein kleines Beispiel: »Der Energieverbrauch korreliert hoch mit der wirtschaftlichen Leistung« wird im gleichem Beitrag unterstellt. Da dem so ist, sprechen die Fakten für sich. 1936 wurden auf dem Territorium der DDR 14.000 Gigawattstunden Elektroenergie produziert und verbraucht, 1989 waren es fast 119.000 Gigawattstunden. Diese Zahlen sind gesichert und kaum zu widerlegen, denn Elektroenergie wird bei seiner Produktion sofort verbraucht und die Kilowattstunde ist eine international verbindliche Maßeinheit. Warum dieser mehr als achtfache Verbrauch sich nicht auf die Steigerung der Wirtschaftskraft der DDR auswirkte, bleibt ein Geheimnis der Halleschen Institutsstuben. Nur ein simples Beispiel: Elektrische Kühlschränke, Fernsehgeräte oder Kassettenrecorder befanden sich 1989 in den meisten Haushalten der DDR; in den 1930er Jahren in Deutschland bestimmt nicht.

Das Wirtschaftswachstum der DDR hielt dem des Westens stand

Gemessen an der volkswirtschaftlichen Größe Bruttoinlandsprodukt verlief das wirtschaftliche Wachstum in den beiden deutschen Staaten zwischen 1950 bis 1989 nahezu parallel. In den 1970er Jahren, nach den ersten kurzfristigen Einbrüchen in der Bundesrepublik, holte die DDR-Wirtschaft den geringfügigen Vorsprung der Bundesrepublik wieder auf. 1989 produzierten beide deutsche Staaten unabhängig voneinander etwa das 5,5-fache Volumen an Bruttoinlandsprodukt des Ausgangsjahrs 1950. In der wirtschaftlichen Entwicklung gab es in der DDR in keinem Jahr einen Rückgang des Wirtschaftswachstums und »Wachstumsraten« von 0,5 Prozent auch nicht, die gegenwärtig als Zeugnis eines stabilen Wachstums der Öffentlichkeit suggeriert werden.

Hier noch eine methodische Anmerkung: In der DDR wurde die volkswirtschaftliche Gesamtrechnung überwiegend mit den Kategorien des Nationaleinkommen ausgeübt. In dieser Rechnung werden die so genannten »nichtproduktiven Bereiche wie Staat, Bildung, Finanzwesen u.ä.m. nicht aufgenommen. Da diese Bereiche in der DDR sich nicht vorrangig entwickelten, war die Entwicklung der volkswirtschaftlichen Größe »Nationaleinkommen« etwas höher. Erst Ende der 1980er Jahre wurde nach internationalen Empfehlungen eine Berechnung des Bruttoinlandsprodukts begonnen und in das Statistische Jahrbuch der DDR aufgenommen.

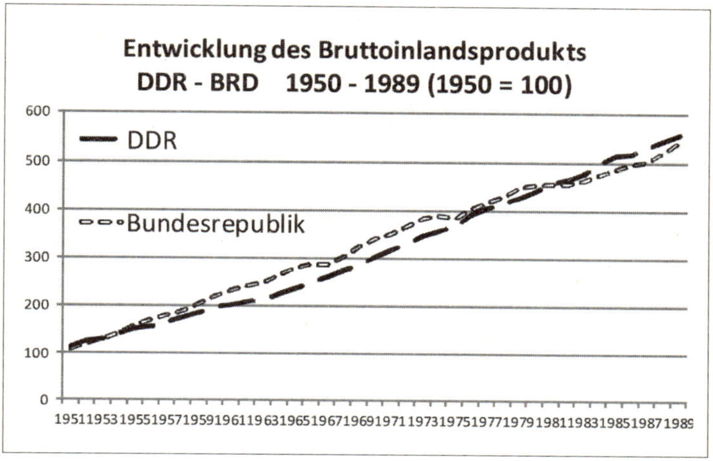

Datenquelle: Statistisches Bundesamt, Lange Reihen, Heske: Historische Sozialforschung Industrie Ostdeutschlands

Trotz dieses fast gleichen Entwicklungstempos der Gesamtwirtschaft verblieb 1989 ein erheblicher Rückstand in der Wirtschaftskraft je Einwohner gegenüber der BRD von 40 bis 50 Prozent. Wie ist dieser zu erklären? Ursachen waren vor allem:

- Die Folgen der Spaltung Deutschlands (DDR ohne Schwerindustrie)
- Unterschiedliche Ausgangsbedingungen der Nachkriegszeit (Reparationen – Marshallplan)
- Geringere Investitionen in der DDR
- Geringere Nutzung der Vorzüge der internationalen Arbeitsteilung
- Energieträgerstruktur (Braunkohle – Erdöl)

Das Potsdamer Abkommen sah für Deutschland einen einheitlichen Wirtschaftsraum vor. Mit der Spaltung Deutschlands durch die Westmächte wurde diesem die Grundlage entzogen. Die DDR musste sich mit hohen Aufwendungen eine eigene Schwerindustrie aufbauen. Das erforderte extrem hohe Investitionen in diese Zweige (Metallurgie, Energie, Chemie).

Nach den Bestimmungen des Potsdamer Abkommens sollten die von Deutschland zu leistenden Reparationen aus den jeweiligen Gebieten der Besatzungsmächte entnommen werden. Während die Westmächte relativ schnell auf Reparationen verzichteten, hat die UdSSR diese, verständlicherweise nach den gewaltigen Kriegsschäden auf ihrem Territorium, voll in Anspruch genommen. Das Ausmaß an Reparationen in der damaligen sowjetischen Besatzungszone betrug etwa 30 Prozent der 1944 auf dem Gebiet der DDR vorhandenen Fonds. Hinzu kamen die Entnahmen aus der laufenden Produktion, es waren etwa 22 Prozent des damaligen Bruttoinlandsprodukts. Die Einwohner der damaligen Bundesrepublik leisteten damals 23 RM an Reparationen, die DDR 1.349 RM je Einwohner.

Aus diesem Grund waren die Startbedingungen in den beiden deutschen Staaten ungleich verteilt. Selbst wenn man davon ausgehen würde, dass die DDR über ein optimales Wirtschaftssystem verfügt hätte und alle wirtschaftspolitischen Entscheidungen der SED-Führung und Regierung von dem Prinzip der ökonomischen Rationalität entsprochen hätten, was nicht der Fall war, so wäre das Erreichen eines wirtschaftlichen Gleichstandes mit der BRD unrealistisch gewesen.

Die Arbeitsproduktivität stieg in der Bundesrepublik im Zeitraum 1950–1989 jährlich um 3,4 Prozent. Unter diesen Bedingungen wäre ein Produktivitätswachstum in der von 6,2 Prozent jährlich in der DDR erforderlich gewesen, um schließlich bis 1989 das Niveau an Arbeitsproduktivität der Bundesrepublik zu erreichen. Eine derartige Produktivitätssteigerung über nahezu vier Jahrzehnte ununterbrochen zu meistern gelang bisher keiner Volkswirtschaft.

Auch in den neuen Bundesländern stagniert dieser Prozess der Produktivitätsangleichung seit Mitte der 90er Jahre.

Bruttoinlandsprodukt je Erwerbstätigen 1991–2013 in Euro

Jahr	Früheres Bundesgebiet	Neue Bundesländer	Differenz
1991	45.062	15.708	29.354
1995	51.903	33.735	18.168
2000	54.579	38.387	16.192
2005	59.509	44.296	15.213
2013	67.986	51.688	16.298

Quelle: Arbeitskreis VGR der Länder, eigene Berechnungen

Seit dem Jahr 2000 pendelt das Niveau der Arbeitsproduktivität in den neuen Bundesländern im Vergleich zum früheren Bundesgebiet um die 75-Prozentmarke. Ein aufholender Trend ist nicht zu erkennen. Versagt hier die »soziale Marktwirtschaft« der Bundesrepublik?

Was ist Bruttoinlandsprodukt, was ist Nationaleinkommen?

In der DDR wurde wie in den anderen sozialistischen Ländern die Volkswirtschaftliche Gesamtrechnung auf der Grundlage des von der UNO anerkannten Systems »Material Product System (MPS) aufgebaut. Theoretische Grundlage dieses Systems ist die marxistische Arbeitswertlehre. Öffentliche und private Dienstleistungen werden überwiegend als Leistungen des nicht produzierenden Bereichs eingestuft, sie sind keine Wertschöpfung sondern ausschließlich Verbrauch.

Im Unterschied zu diesem »MPS-System« beruht die in den von den meisten Ländern favorisierten Methodik des »System of National Account« auf der Kreislauftheorie, womit der Ablauf des Austauschs wirtschaftlicher Werte zwischen den unterschiedlichen Wirtschaftseinheiten beschrieben wird. Es umfasst im Gegensatz zum MPS-System nicht nur die materielle Produktion, sondern auch die über den Markt ausgetauschten öffentlichen und privaten Dienstleistungen.

Die Messung des Niveaus und der Entwicklung der Arbeitsproduktivität nach dem SNA-System ist in der Literatur umstritten. Einerseits sind Leistungen enthalten, die ohne jeglichen Arbeitsaufwand erstellt wurden, wie beispielsweise der Wert des selbst genutzten Wohneigentums. 140 Milliarden Euro wurden 2012 »Selbst genutztes Wohneigentum« ca. 5 Prozent des Bruttoinlandsprodukts ermittelt. Dieser Betrag wird den Erwerbstätigen faktisch bei der Produktivitätsberechnung »geschenkt«.

Hinzu kommt noch ein anderer Faktor: Höhe und Entwicklung der Bruttowertschöpfung und damit der Arbeitsproduktivität wird in den meisten nichtmateriellen Bereichen, wie öffentliche Dienstleistungen, abhängig von der Lohnentwicklung berechnet. Es ist beispielsweise kaum möglich, Niveau und Entwicklung der Arbeitsproduktivität eines Kriminalbeamten zu ermitteln. Als Ersatz wird seine Bruttowertschöpfung ermittelt, die vor allem durch die Lohnsummen bestimmt ist.

War die DDR-Wirtschaft unproduktiv?

Unter Produktivität ist das Verhältnis von Ertrag zu Arbeitsaufwand zu verstehen. Für eine gesamte Volkswirtschaft bezieht man das, zweckmäßigerweise auf das Verhältnis von Bruttoprodukt zu Einwohnern. Im »Jahresbericht der Bundesregierung zum Stand der Deutschen Einheit 2009« ist nachzulesen: »Das Wirtschafts- und Sozialsystem der DDR war international kaum wettbewerbsfähig und konnte die Grundversorgung der Bevölkerung mittelfristig nicht mehr sicherstellen. Gemessen am realen Bruttoinlandsprodukt pro Kopf erreichte die DDR 1989 nur etwa ein Drittel des Niveaus der Bundesrepublik; die Produktivität lag 1988 bei nur etwa 20 bis 25 Prozent des westdeutschen Vergleichswertes.« Die reale Entwicklung in beiden deutschen Staaten vollzog sich wie folgt:

Die Wirtschaft und die Produktivität haben sich seit Gründung in der DDR wesentlich schneller entwickelt als in der BRD. Der Rückstand gegenüber der BRD konnte stetig verringert werden. Gegenüber 1950 wuchs das produzierte Nationaleinkommen pro Kopf der Bevölkerung auf annähernd das Zehnfache, das Bruttoinlandsprodukt der BRD lediglich auf knapp das Fünffache.

Ein Einholen oder gar »Überholen ohne einzuholen« auf ökonomischem Gebiet war jedoch unrealistisch. Dafür waren die extrem schwierige Ausgangslage der DDR-Wirtschaft und die ungleichen Wettbewerbsbedingungen ebenso maßgebend wie Mängel und Fehler in der Wirtschaftspolitik der sozialistischen Staaten im Allgemeinen und der DDR im Besonderen.

Entwicklung der volkswirtschaftlichen Arbeitsproduktivität (BIP bzw. NEK je Einwohner) DDR und BRD 1959 bis 1989[7]

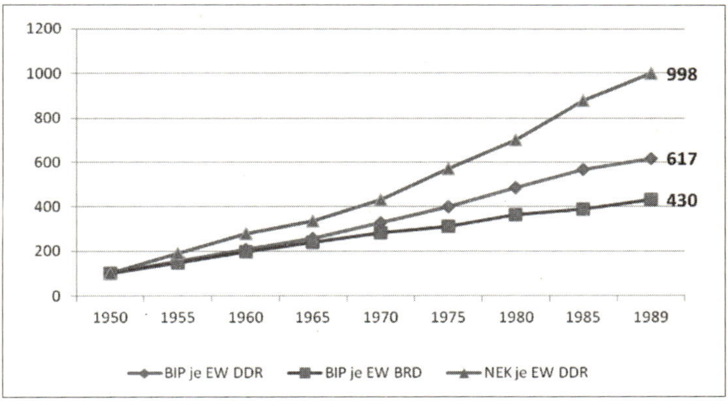

7 Ausführliche Dokumentation und Datenquellen siehe in Blessing/Kühn »Der Osten hängt am Tropf«

Die Potenzen der sozialistischen Staaten für eine tatsächliche Spezialisierung und Koordinierung der Produktion wurden bei weitem nicht ausgeschöpft. Die überzentralisierte Planung und Bilanzierung, die wirtschaftspolitische Alleinherrschaft der Parteiführung, die Reglementierung der Initiativen der betrieblichen Leiter und Kollektive sowie die ungenügende Wirksamkeit ökonomischer Hebel bei Überbetonung der »Tonnenideologie« waren der Steigerung der Produktivität nicht förderlich.

Im internationalen Maßstab konnte sich die DDR dadurch jedoch innerhalb der 20 führenden Länder platzieren.

Die DDR hatte im Jahre 1989 ein Bruttoinlandsprodukt je Kopf der Bevölkerung – umgerechnet auf Euro der Preisbasis 1995 – von annähernd 12.700 Euro. Im Vergleich mit anderen führenden kapitalistischen Ländern war das ein mittleres Niveau. Sie brauchte hinsichtlich der Wirtschaftsleistung pro Kopf der Bevölkerung den Vergleich mit entwickelten Ländern nicht zu scheuen. Sie lag auf einem Niveau mit Italien, Großbritannien, vor Irland, Spanien und anderen Südländern. Es gab und gibt nirgends eine Argumentation, dass das Wirtschaftssystem dieser Länder wegen Unproduktivität untauglich sei. Für die DDR wird dieses Argument ständig missbraucht.

Internationaler Produktivitätsvergleich (BIP Euro je Einwohner 1989)

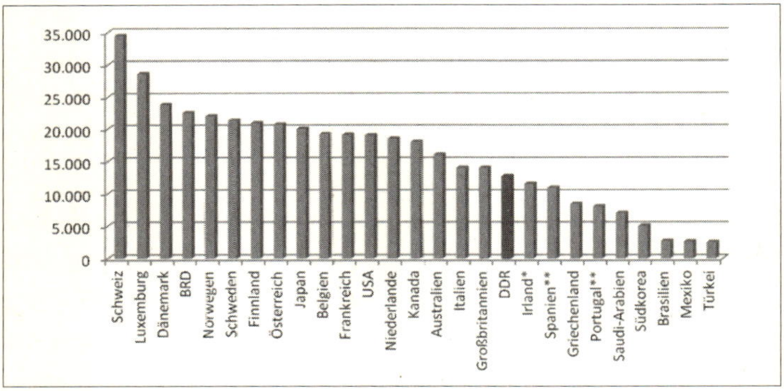

Datenquellen: Eurostat online für EU, Sozialforschung Köln Für BRD/DDR – Eigene Berechnungen

Die DDR konnte sich jedoch ihre »Wettbewerbspartner« nicht aussuchen. Ihre Bürger verglichen sich nicht mit den Briten, Iren, Spaniern oder Griechen, sondern den Westdeutschen. Und die lebten in einem der leistungsfähigsten Industriestaaten der Welt.

Der prinzipielle wirtschaftspolitische Fehler der DDR-Führung bestand darin, ständig diese BRD auf dem Gebiet von Konsumtion und Produktivität zum Vorbild zu nehmen, anstelle die wirklichen Vorzüge des sozialistischen Wirtschaftssystems stärker zu betonen (Soziale Sicherheit, Vollbeschäftigung, Krisenfestigkeit usw.)

In der praktischen Durchführung der Wirtschaftspolitik erfolgte eine zu einseitige und dogmatische Umsetzung der sozialen Ziele, ohne immer die ausreichenden ökonomischen Bedingungen dafür zu haben. Diese Entwicklung ging zu Lasten der Erneuerung und Modernisierung der Produktion und führte zu einem hohen und steigenden Verschleißgrad der Ausrüstungen ebenso wie zum Verfall großer Teile der Infrastruktur.

Investitionen in der DDR – Konzentration auf Schlüsselindustrien

Zu den wenigen volkswirtschaftlichen Kennziffern, die in der 40-jährigen Geschichte der DDR-Wirtschaft durch extreme Schwankungen gekennzeichnet waren, gehören die Investitionen. Bis 1960 stiegen die Investitionen in der DDR kontinuierlich von Jahr zu Jahr mit teilweise hohen Zuwachsraten. Nach einer Schwächephase 1961–1963 gab es bis 1969 wieder Wachstumsraten von mehr als fünf Prozent jährlich. Ab 1978 begann eine lange Periode, in der das Wachstum der Investitionen hinter dem Wachstum des Nationaleinkommens zurückblieb, die bis 1985 anhielt. Die von Erich Honecker praktizierte Strategie der »Einheit von Wirtschafts- und Sozialpolitik« vernachlässigte die Modernisierung der Grundfonds zu Gunsten der Konsumtion. Hinzu kam, dass die DDR bedingt durch die nicht ausreichende Arbeitsteilung innerhalb des RGW-Raums gezwungen war, ihre Investitionen in fondsintensive Energie- und Rohstoffbereiche einzusetzen. Demzufolge blieben die Investitionen gering in den Bereichen Elektrotechnik/Elektronik sowie Maschinen- und Fahrzeugbau. Je Berufstätigen in diesen Zweigen waren es nur 75 bis 80 Prozent, gemessen am westdeutschen Niveau. Dagegen wurden 1981 bis 1988 Investitionen in Höhe von rund 25 Mrd. Mark – das waren 9 Prozent der Investitionen in die Energieträgerumstellung eingesetzt, mit denen kein unmittelbarer Leistungszuwachs verbunden war.

Die Folgen waren für den Einsatz des bereits voll ausgeschöpften Arbeitskräftepotentials wiederum produktivitätshemmend: 1981 bis 1987 wurden in den beiden Braunkohlenkombinaten Bitterfeld und Senftenberg etwa 10.000 Arbeitskräfte zusätzlich eingestellt, das waren 12,5 Prozent aller Zugänge im Bereich der Industrieministerien. Durch die Konzentration der Investitionen auf den Energiesektor blieb die Ausstattung mit moderner Technik in den hochproduktiven Zweigen zurück. Beispiele:

Auf 100.000 Beschäftigte der Industrie waren in der zweiten Hälfte der 1980er Jahre in Westdeutschland 812 NC-Maschinen im Einsatz, in der DDR nur 112

1985 waren in Westdeutschland fast 38 Prozent der Betriebslänge der Eisenbahn elektrifiziert, in der DDR nur 18 Prozent. Zweigleisig wurden in Westdeutschland 40 Prozent der Strecken befahren, in der DDR nur 30 Prozent.

40 Prozent aller Ausrüstungen waren 1985 in der DDR älter als 10 Jahre, in Westdeutschland waren es nur 32 Prozent. Der Anteil von Industrieausrüstungen bis zu fünf Jahren war in den beiden Teilstaaten nahezu mit einem Drittel nahezu gleich. Das war die Folge der besonders in den 80er Jahren betriebenen intensiven Politik zum Import hochproduktiver Anlagen aus führenden kapitalistischen Industriestaaten. Der Außenhandelsminister Gerhard Beil schrieb in seinen Memoiren von 700 derartigen Objekten. Die Mär von der »Schrott-DDR« steht auf sehr wackligen Füßen.

Der Außenhandel – Ursache des ökonomischen Untergangs?

Die DDR war in hohem Maße mit dem Außenmarkt verbunden. Die Struktur des Außenhandels gestaltete sich wie folgt:

Außenhandelsstruktur der DDR 1989 in Mrd. Valutamark

	gesamt	dar. RGW	dar. Entwicklungsländer	dar. westliche Industrieländer
Export	141,1	60,9	7,4	68,5
Import	144,7	57,0	5,9	78,8

Der Außenhandelsumsatz je Einwohner betrug 1985 in der DDR jedoch nur 48 Prozent des westdeutschen Niveaus und hatte im Vergleich zur Bundesrepublik eine sinkende Tendenz.

DDR	4.160 US-$
BRD	8.670 US-$
Frankreich	5.400 US-$
Großbritannien	5.070 US-$
Niederlande	12.570 US-$
Schweden	10.130 US-$

Damit konnte die DDR die Vorzüge der internationalen Arbeitsteilung nicht ausschöpfen. Das gilt besonders für den RGW. Es fehlten der DDR im RGW Partner für den gegenseitigen Austausch technisch hochentwickelter Erzeugnisse Es war nicht annähernd gelungen, einen einheitlichen Wirtschaftsraum zu schaffen und das Gesamtpotential dieses Raumes koordiniert für die wirtschaftliche Entwicklung einzusetzen. Es gab keine einheitliche Währung (der »transferable Rubel« war eine Verrechnungsgröße), kein wirksames einheitliches Banksystem, kaum untereinander abgestimmte wissenschaftlich-technische

Entwicklungen (wer konnte, entwickelte Mikroelektronik selbst), nur wenige gemeinsame Investitionsobjekte, keinen gemeinsamen »Markt«. Der RGW war im Wesentlichen eine Austauschbörse national gefertigter Produkte.

Durch Embargo und andere Handelsrestriktionen blieb die DDR vom internationalen Austausch hochwertiger Güter ausgeschlossen. Wer die Anstrengungen der DDR-Wirtschaft auf dem Gebiet der Mikroelektronik belächelt oder diskreditiert, sollte sich über die streng gehandhabten Embargo-Bestimmungen der Westmächte und besonders den USA sachkundig machen.

Die Bundesrepublik profitierte im Gegensatz zur DDR vorzüglich von der internationalen Arbeitsteilung, beispielsweise dem Austausch von Büromaschinen, Datenverarbeitungsgeräten und -einrichtungen in Millionenhöhe.

Ein- und Ausfuhr von Büromaschinen, Datenverarbeitungsgeräten und -einrichtungen der Bundesrepublik Deutschland 1986–1990

	1986	1987	1988	1989	1990
Einfuhr	14.514	15.059	16.697	20.722	21.886
Ausfuhr	13.439	12.803	12.541	14.462	14.165
Negativsaldo	−1.075	−2.256	−4.156	−6.260	−7.721

Quelle: Statistisches Jahrbuch Bundesrepublik Deutschland,

Die Bundesrepublik war steigender Nettoimporteur von Hochtechnologie, ein Weg der der DDR versperrt blieb und deshalb die hohen Aufwendungen für die Mikroelektronik erforderlich machte.

Die DDR-Auslandsschulden

In der Auseinandersetzung mit der DDR-Wirtschaft ist die »Verschuldungsproblematik« nach wie vor von besonderer Brisanz. Daran sind leitende Wirtschaftsfunktionäre der DDR nicht unschuldig. Von Anfang an bis heute gibt es die Behauptung: Die DDR war doch pleite, das hat doch ihr Herr Schürer selbst aufgeschrieben. In der Tat: In dem nun schon berühmt-berüchtigten « Schürer-Bericht« vom 30. Oktober 1989 steht geschrieben: *Es wurde mehr verbraucht als aus eigener Produktion erwirtschaftet wurde zu Lasten der* ***Verschuldung im NSW****, die sich von 2 Mrd. VM im Jahre 1970* ***auf 49 Mrd. VM im Jahre 1989*** *erhöht hat. ... Die Lage in der Zahlungsbilanz wird sich nach dem erreichten Arbeitsstand zum Entwurf des Planes 1990 weiter verschärfen ... Die Konsequenzen der unmittelbar bevorstehenden Zahlungsunfähigkeit wäre ein Moratorium (Umschuldung), bei der der Internationale Währungsfonds bestimmen würde, was in der DDR zu geschehen hat. ... Es ist notwendig alles zu tun, damit dieser Weg vermieden wird.*

Diese Vorlage war unterschrieben von Gerhard Schürer Vorsitzender der Staatlichen Plankommission; Miteinreicher waren Gerhard Beil, Minister für Außenhandel, Alexander Schalck, Staatsekretär für Außenhandel und Leiter des Bereiches Kommerzielle Koordinierung (KoKo), Ernst Höfner, Minister für Finanzen, und Arno Donda, Leiter der Staatlichen Zentralverwaltung für Statistik. Keiner der Einreicher kann heute mehr befragt werden. Fakt ist: Das Dokument war Panikmache. Es entsprach nicht der realen Lage. Die tatsächliche Lage ist seit August 1999 der Öffentlichkeit zugänglich. Die Deutsche Bundesbank stellte klar: *Die internationalen Finanzmärkte sahen die Situation jedoch nicht als kritisch an. Sowohl im Jahre 1988 als auch 1989 konnten die DDR-Banken Rekordbeträge im Ausland aufnehmen. ... Netto, das heißt nach Abzug der Devisenreserven, erreichte die Verschuldung gegenüber den westlichen Ländern im Krisenjahr 1982 mit 25,1 Mrd. VM ihren Höhepunkt. Bis Ende 1985 ging sie auf 15,5 Mrd. DM zurück. Danach wuchs sie wieder an;* ***Ende 1989 betrug die Nettoverschuldung 19,9 Mrd. VM.***

Dieser Betrag entsprach zum damaligen Kurs ca. 12 Mrd. US-$ oder 5,7 Prozent des Bruttoinlandproduktes der DDR. Je Kopf der Bevölkerung waren es annähernd 700 US-$.
Zum Vergleich Auslands-Verschuldungsraten aus dem Jahre 2010:

	Auslandsverschuldung		Nettoauslandsverschuldung	
	absolut	je Einwohner	absolut	je Einwohner
	Mio US-$	US-$	Mio US-$	US-$
Irland	2.303.419	498.261	157.075	33.977
Großbritannien	9.554.557	153.249	182.600	2.929
Frankreich	5.091.260	78.607	208.300	3.216
Griechenland	546.607	50.847	219.884	20.454
Spanien	2.316.691	49.815	983.000	21.137
Portugal	528.597	9.237	186.315	3.256
USA	14.456.194	46.893	2.396.000	7.772
Italien	2.435.220	40.087	376.700	6.201
Nettoauslandsverschuldung = Auslandsschulden minus -guthaben				

Quelle: Wikipedia

Hinzu kommt, dass in der DDR diesen Schulden im NSW Guthaben von umgerechnet 23,4 Milliarden DM in sozialistischen Ländern gegenüber standen. »Als die Konten der Staatsbank der DDR bei der Internationalen Bank für Wirtschaftliche Zusammenarbeit (IBWZ) in Moskau zum 31.12.1990 geschlossen wurden, ging auf die Bundesbank der BRD ein Transfer-Rubel-Guthaben von etwa 10 Milliarden Transfer-Rubel über. Da die Bundesbank wegen des 1990 tatsächlich angewandten Umtauschkurses für die ostdeutschen Exporte – für 1 Transfer-Rubel Exporterlös wurden den Lieferbetrieben 2,34 echte Deutsche Mark (»richtiges Geld«)? ausgezahlt – ihre in den Büchern stehenden Transfer-Rubel-Schätze konsequenterweise zu eben diesem Kurs in Valutamark und Deutsche Mark bewertete, hatte Deutschland nun Guthaben bei der IBWZ … ab Ende 1990 von etwa 23,4 Mrd. VM/Valutamark = 23,4 Mrd. DM. Für diesen Gegenwert hatten die RGW-Länder Ware erhalten (man denke nur an die Unmengen hochwertiger Lebensmittel und Verbrauchsgüter, die der Sowjetunion 1990 zur Erhöhung ihres Zustimmungswillens zur deutschen Vereinigung geliefert wurden).«[8]

Was passierte mit diesen Guthaben?

Die inzwischen ebenfalls in die Marktwirtschaft »entlassenen« ehemaligen RGW-Länder waren weder willens noch in der Lage ihre gegenüber der DDR angehäuften Rubel-Schulden dem vereinigten Deutschland in »harter Währung« oder entsprechenden Waren zurückzuzahlen.

Lemke: »Die in DM festgestellten deutschen Endansprüche *(erwirtschaftet durch die DDR – K. B)* wurden, wenn sich das anbot, mit Anrechten auf Gegenleistungen der Bundesrepublik verrechnet, in anderen Fällen wurden Löwenanteile des deutschen Geldanspruches verschenkt – zum Beispiel an Russland als Rechtsnachfolger der Sowjetunion ... Je mehr Zeit ins Land ging, je mehr wurde wohl kraftvolle Verausgabung und Verhandlungshärte bei der Schuldenbeitreibung in Ost-Mittel-Europa unpassender, ging es doch längst schon um die Osterweiterung von Europäischer Gemeinschaft und NATO und gutes Wetter im Lande der Anschlusskandidaten:« Resümee: Mit den Leistungen der DDR-Wirtschaft wurden ökonomisch Schulden der BRD getilgt und politisch Wohlwollen der Beitrittskandidaten erkauft.

---

8 Dietrich Lemke »Handel & Wandel« 2010, unveröffentlichter Vorabdruck

Entwicklung des Gesamt-Außenhandelssaldo (SW plus NSW) per Jahresende zu effektiven Preisen in Mrd. US-$

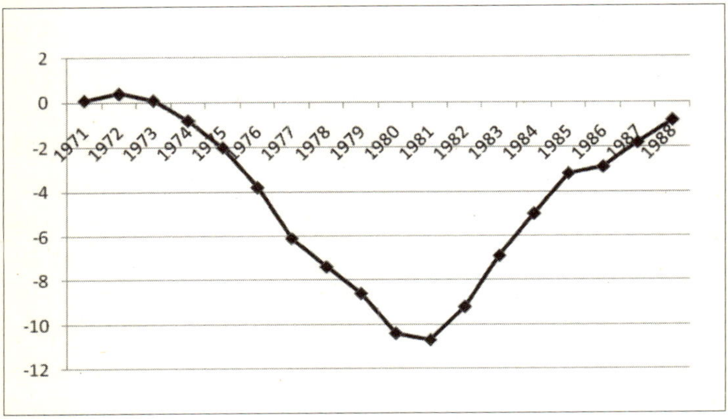

Datenquelle: Bericht der Deutschen Bundesbank und interne Statistiken der Zentralverwaltung für Statistik der DDR

Die DDR hatte also zum Zeitpunkt ihres Unterganges überhaupt keine Auslandsschulden! Den rund 20 Milliarden im nichtsozialistischen Wirtschaftsgebiet standen annähernd gleich große Guthaben im sozialistischen Wirtschaftsgebiet gegenüber. Diese wurden von der Regierung der BRD trefflich genutzt, um die EU-Osterweiterung voran zu treiben und die Beitrittsländer durch Schuldenerlasse für von der DDR erwirtschaftete Guthaben zu ködern. Für die kleinkarierten Kritikaster noch die Bemerkung: Natürlich ist es richtig, dass man Guthaben im SW nicht so einfach gegen Schulden im NSW aufrechnen kann. Darum geht es auch gar nicht. Es geht um die Aussage, dass die DDR so leistungsfähig war, dass sie im Ausland keine Schulden hinterlassen hat. **Das ist angesichts der aktuellen Rundum-Verschuldung führender kapitalistischer Staaten eine prinzipielle Aussage, deren Tragweite überhaupt nicht hoch genug eingeschätzt werden kann.**

Hat »KoKo« ökonomisch zum Untergang der DDR beigetragen?

Das erfordert eine völlig neue Denk- und Herangehensweise an die Bewertung und Aufarbeitung der DDR-Wirtschaft. Es gibt keinerlei Anlass, das in gebückter Demutshaltung, Fehlersuche und Verliererposition zu tun. Es gilt vielmehr zu vermitteln, wie sich die DDR ohne Schulden zu einem wirtschaftlich führenden Land entwickelt hat.

Offen bleiben andere Fragen. Wenn die DDR summa summarum kaum Schulden hatte, warum und von wem wurden in der Wendezeit 30 Milliarden Guthaben in kapitalistischen Ländern der neuen Führung der DDR unter Krenz und Modrow verheimlicht? Kannte wirklich keiner der Einreicher die wahren Verhältnisse?

Wir meinen, im »Schalck-Buch«[9] von Frank Schumann und Heinz Wuschek wird die richtige Spur verfolgt: *Ohne einer Verschwörungstheorie das Wort zu reden: War solche Wirkung Kalkül der Autoren? Haben sie mit Absicht den neuen Generalsekretär in die Irre schicken und ihn damit vor eine unlösbare Aufgabe stellen wollen? War dies im Sinne Moskaus? ... Oder hatten noch andere Dienste ihre Finger im Spiel und spitzten zweckdienlich zu? Wer hat da welchen Zug gemacht? Wann wird dieses Geheimnis gelüftet? Von den Autoren sind inzwischen alle tot, man kann sie nicht mehr fragen. Bis auf Schalck-Golodkowski. Doch der nimmt sich von einem solchen Verdacht aus. Was sein gutes Recht ist.*[10]

Juristisch ist es das sicher. Aber politisch-moralisch? Für nichts und wieder nichts gestattet es die bundesdeutsche Elite gewiss nicht, unbehelligt, gehegt und bewacht seinen Lebensabend an einem der schönsten Flecken Deutschlands genießen zu können. Nur ein »Schalck«, wer Böses dabei denkt?

---

9 Frank Schumann, Heinz Wuscheck »Schalck-Golodkowski – Der Mann, der die DDR retten wollte« edition ost 2012

10 a. a. O. Seite 72

Wir sind keine Anhänger von Verschwörungstheorien und halten nichts davon, die Verantwortung für das Scheitern der DDR und der sozialistischen Länder vorrangig an Personen festzumachen. Aber angesichts der dargestellten Situation muss schon die Frage gestellt werden, wie hätte eine neue DDR-Führung gegenüber dem Volk und den arroganten Politikern der BRD auftreten und reagieren können, wenn sie im Besitz der Wahrheit gewesen wäre? Hätte sie sich so bedingungslos der Herrschaft des bundesdeutschen Kapitals und der Politik unterwerfen müssen? Oder wären andere politische Konstruktionen als der Anschluss an die BRD zu den von dieser diktierten Bedingungen möglich gewesen? Die Autoren der Schalck-Biografie haben Recht, wenn sie einschätzen: *Ob nun absichtsvoll zweckdienlich überzogen oder konspirativ geschwiegen wurde: Die Wirkung war verheerend. Die vorgelegte Bilanz sandte die unzweideutige Botschaft aus: Die Krise ist nicht mehr zu meistern! Letztlich paralysierte diese »Analyse ...« nahezu den ganzen politischen Apparat der DDR. Aufs Ganze betrachtet war der »Schürer-Bericht« der Sargnagel für die DDR.* Und das bis heute! Bis heute stürzen sich »Freund« und Feind begierig auf die Aussagen dieses Berichtes – ohne die längst dokumentierte anders lautende Wahrheit zur Kenntnis zu nehmen.

Die eigentlichen Fragen ergeben sich aber, wenn man über den »Bericht« hinaus denkt. Was war das für ein sozialistisches Wirtschaftssystem in der DDR, in welchem neben der offiziellen Planwirtschaft eine bedeutende Marktwirtschaft existierte? Was war das für ein »sozialistisches Wirtschaften«, in welchem der marktwirtschaftliche Sektor aus der staatlich geplanten Wirtschaft Milliarden über Milliarden »herausquetschte« und dabei höchst Kapitalismus-typische Methoden anwandte – Betrug, Erpressung, Falschbuchungen etc., wie der Bericht der Bundesbank entlarvt[11]?

---

11 Original des »Schürer-Bericht« und Auszüge aus dem Bericht der Bundesbank in »Blessing/Kühn »Der Osten hängt am Tropf« – Verlag im Park 2011

Wie die KoKo-Banken den Staat betrogen

Auszüge aus dem Bericht der Deutschen Bundesbank

Kredite im Ausland zu beschaffen, war Aufgabe der Banken (zu denen auch das KoKo-Unternehmen Intrac zählte); ... Entsprechend stellten die Banken dem Planbereich Zinsen für die aufgenommenen Auslandskredite in Rechnung, jedoch nicht die tatsächlich an das Ausland gezahlten, sondern – etwa ab Mitte der achtziger Jahre – aus politischen Gründen weit höhere als ihr entsprechender Zinsaufwand. Diese überhöhten Zinsen fanden Eingang in die Zahlungsbilanz für den Planbereich. ... Der gleichen Verschiebung diente, dass im Planungsstadium in der Bilanz für den Planbereich die für das folgende Jahr erwarteten Zinszahlungen bereits dem Anfangsbestand der Verbindlichkeiten zugeschlagen wurden, wobei die zum Teil weit überhöhten Zinsen angesetzt wurden. Das trug dazu bei, dass sich die Höhe der Auslandsverbindlichkeiten in der Bilanz für den Planbereich von Jahr zu Jahr mehr vom weitaus niedrigeren Niveau der effektiven Auslandsverschuldung entfernte.

Soll man wirklich glauben, dass die dafür verantwortlichen Leiter keinerlei Ahnung von der Dimension des Geschäftes hatten, sodass zum Schluss derartig gravierende Fehleinschätzungen auftraten? Man mag ja glauben, dass die Stellen nach dem Komma nicht bekannt waren, aber 30 Milliarden? Welche Rolle spielte dabei der »Alles wissende« Wirtschaftssekretär Günter Mittag, der jede Woche die verantwortlichen Leiter in der Gruppe »Zahlungsbilanz« am Tisch hatte? Kannte er die »stillen Reserven« nicht? Welche Wirtschaftspolitik hat er der DDR eingepeitscht, um Devisen um jeden Preis zu erlösen? Was hätte bei einer ausgewogenen Wirtschaftslenkung an unrentablen Exporten an Konsumgütern für westdeutsche Handelsketten zugunsten der DDR-Bevölkerung verhindert werden können? Wäre sogar eine Teillösung des Devisenproblems für »Westreisen« lösbar gewesen? Und was nützte letztlich die ganze Geheimniskrämerei über die Devisenreserven des marktwirtschaftlichen Sektors, wenn in dem Moment, wo es Ernst wurde, die dafür angesammelten Devisen weder bekannt, noch erst Recht nicht verfügbar waren? Welche Ziele verfolgte der erste Mann im Staate, indem er diese Geheimniskrämerei nicht nur duldete, sondern ausdrücklich anordnete?

Eine umfassende Studie über die Rolle des Bereiches Kommerzielle Koordinierung (KoKo) ist unlängst veröffentlicht worden.[12] (Auszüge Anlage 1)

Nach umfangreichen Recherchen werden darin Aussagen getroffen, die bisher nicht Allgemeingut der Erkenntnis waren:

Der von KoKo abgewickelte Außenhandel – zu verantworten von Alexander Schalck – mit westlichen Industrieländern war kein »Zubrot« zum staatlich geplanten Handel. Vielmehr erreichte er Mitte der (80-er Jahre einen Anteil von fast 50 Prozent am Gesamthandel mit diesen Ländern. Dabei war gerade dieser Handel zunehmend importlastig. Wenn man den recherchierten Zahlen trauen darf – woran einige Zweifel anzumelden sind, da sie keiner offiziellen Abrechnung entnommen sind – erwirtschaftete dieser Bereich in keinem Jahr Exportüberschüsse, sondern im Zeitraum des Bestehens von 1975 bis 1988 Importüberschüsse von 11,7 Milliarden Valutamark. Der planmäßige Außenhandel – zu verantworten von Gerhard Schürer – erwirtschaftete im gleichen Zeitraum ein Exportplus von 6,2 Milliarden Valutamark. Der Autor der Studie stellt daraus die Frage: »Daraus könnte die Einschätzung folgen, dass der Niedergang der DDR ganz wesentlich Ergebnis der KoKo-Tätigkeit selbst war.«[13]

---

12 Matthias Judt »Der Bereich Kommerzielle Koordinierung – Das Wirtschaftsimperium des Alexander Schalck-Golodkowski – Mythos und Realität« Verlag Chr. Links

13 Judt a. a. O. Seite 180/81

Diese Fragen heute aufzuwerfen, ohne sie schlüssig beantworten zu können, ist eigentlich müßig. Es hilft rückwirkend niemanden mehr. Es hilft aber in der gegenwärtigen Auseinandersetzung eindeutig festzustellen: Die sozialistische Wirtschaft der DDR war eben nicht pleite und bankrott. Wie sollte sie auch? Woher sollten denn die nicht rückzahlbaren Kredite eigentlich kommen, die zu einer Pleite hätten führen können? IWF, Weltbank und andere kapitalistische Finanzinstitutionen waren keine Ansprechpartner für die DDR. Deren verheerendes Wirken gegenüber verschuldeten Ländern können wir heute nicht nur »besichtigen«. Millionen Menschen in Europa müssen es mit Leib und Gut ertragen.

Wie hoch war die »Innere Staatsverschuldung« der DDR?

Über die Höhe der »inneren Staatsverschuldung« gibt es unterschiedliche Berechnungen und Auffassungen. Zunächst ist eine Klärung darüber erforderlich, was »Staatsschulden im Sozialismus« darstellen. Harry Nick erklärt:»Eine sich auflösende Staatswirtschaft kann nur zwei wirkliche Schuldenposten hinterlassen: nämlich die Auslandsschulden und diejenigen Beträge, die für die Deckung der Sparguthaben der Bevölkerung bei den staatlichen Banken nötig sind.« (unveröffentlicht)

Die Abwickler der DDR-Wirtschaft aus westlichen Gefilden haben diese ökonomische Binsenweisheit nie verinnerlicht. Ihnen war nicht zu vermitteln – oder durfte trotz besseren Wissens nicht verständlich werden – dass in einem auf Volkseigentum beruhenden sozialistischen Wirtschaftssystem sich nicht volkseigene Unternehmen, ob Banken, Betriebe oder staatliche Wohnungseinrichtungen, untereinander verschulden können. Genau dieses hat aber Herr Waigel & Co. konstruiert. Die »Schulden« der volkseigenen Betriebe und Einrichtungen bei den ebenfalls volkseigenen Banken wurden in marktwirtschaftliche Kredite »umgewandelt«, zur kurzfristigen Tilgung gestellt und hoch verzinst – zum Wohle der inzwischen dem westdeutschen Kapital übereigneten ostdeutschen Banken und zum Ruin der dadurch zahlungsunfähig werdenden ehemals volkseigenen Betriebe und Einrichtungen. Es war dies neben Währungsunion (siehe nächsten Abschnitt) und Treuhand der dritte entscheidende Schlag zur Ruinierung der DDR-Wirtschaft.

Die Höhe der realen Staatsschulden der DDR wird von Ökonomen in annähernd gleicher Dimension beziffert, Harry Nick meint: »Das ergäbe eine Pro-Kopfverschuldung je Einwohner von etwa 4.500 Euro. Das ist ein Betrag, der immer noch deutlich unter der damaligen Staatsverschuldung der Bundesrepublik von 7.500 Euro liegt«.

Der Bremer Historiker Prof. Arno Peters nennt eine Gesamtschuld von 25 Milliarden DM, was einer Belastung je DDR-Bürger von 1.569 DM entspricht.

Der Vorsitzende der Staatlichen Plankommission der DDR, Gerhard Schürer, nannte 6.000 Mark pro Kopf. Sein Stellvertreter Siegfried Wenzel errechnete 3.625 DM.

Der damalige Bundesfinanzminister Waigel sprach im Deutschen Bundestag von einer DDR-Verschuldung von nur 13 Prozent des Bruttosozialproduktes. Das entspricht der Auffassung von DDR-Ökonomen und ergibt (umgerechnet auf Euro) maximal 1.800 Euro je Kopf der Bevölkerung. Das waren 15 Prozent des Bruttoinlandproduktes (BIP). Von den Spareinlagen der Bevölkerung waren knapp 40 Prozent durch Staatsschulden in Anspruch genommen. Das war bereits im Jahre 1989 wesentlich geringer als die Schulden der BRD.

Die BRD war damals mit (umgerechnet) 8.100 Euro je Kopf der Bevölkerung verschuldet. Heute beträgt die Staatsverschuldung über 80%, das sind 25.000 Euro pro Kopf.

Staatsschulden der DDR und BRD in Euro pro Kopf der Bevölkerung

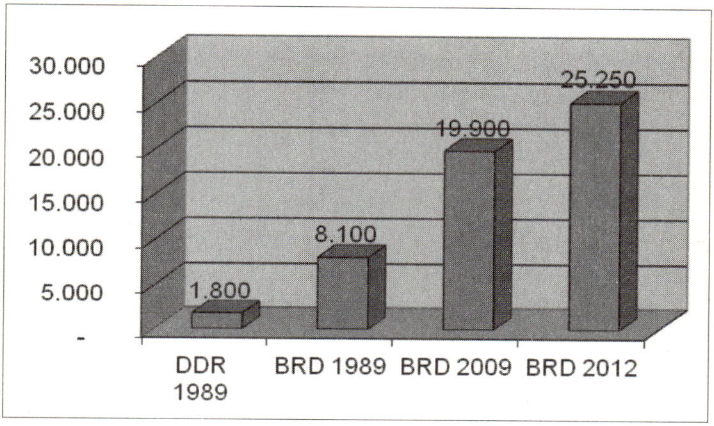

Gegenüber dem heutigen Verschuldungsstand kapitalistischer Staatenn handelte es sich bei der Verschuldung der DDR geradezun um »peanuts«.

Die Staaten mit den aktuell höchsten Staatsschulden

	pro Kopf EURO	Absolut Mio EURO	% des BIP
Japan	66.541	8.491	238
USA	39.231	12.326	107
Italien	32.692	1988	127
Kanada	31.979	1.114	86
Großbritannien	26.341	1.660	90
BRD	26.454	2.167	82
Griechenland	27.186	307	159
Frankreich	28,876	1.830	90

Datenquelle: Wirtschaftswoche vom 2. 10. 2013

Ein bankrotter, kollabierender Pleitestaat sieht in der Tat anders aus als die DDR im Jahre 1989. Man kann solche Staaten heute – im Gefolge der Krise, das heißt als Folge kapitalistischer Wirtschaftsweise – besichtigen. Man fahre nach Griechenland, Portugal, Spanien, nach Rumänien, Bulgarien. Die Auswirkungen sind verheerend und menschenverachtend. Alexis Tsipras – der Vorsitzende des linken griechischen Parteienbündnisses SYRIZA – schreibt unter der Überschrift »Merkels Sparkurs ist die Krise«: *Das soziale Gefüge Griechenlands löst sich auf. Das Land steht an der Schwelle zu einer akuten humanitären Krise. Der schwarze Schleier der Armut bedeckt ein Drittel der Bevölkerung Griechenlands. Doch der neoliberale Wahn ist nicht nur eine Bedrohung für Griechenland, sondern für ganz Europa. Angela Merkel & Co. drängen die Währungszone in den wirtschaftlichen Niedergang.*[14]

Nicht die DDR lebte »über ihre Verhältnisse«. Das tat und tut unverändert die BRD und die Mehrzahl der kapitalistischen Staaten. Die Schulden der USA, entstanden durch Ausplünderung der gesamten Welt, sprengen jede Vorstellungskraft und jede ökonomisch fassbare Relation.

Die Legende von der »Pleite der DDR« ist eine Verleumdung. »Pleite« ist, wer seinen Zahlungsverpflichtungen nicht mehr nachkommen kann. Die DDR hat bis zum letzten Tag ihrer Existenz alle Zahlungsverpflichtungen im Ausland und im Inland in Form von Löhnen, Renten und Stipendien erfüllt. Mit einer Pleite hat das nichts zu tun. Mit dieser Debatte soll von der finanziellen, sozialen und politischen Pleite in der heutigen Bundesrepublik abgelenkt werden.

---

14 Neues Deutschland vom 20./21.10.2012

War eine Mark der DDR nur 0,25 DM wert?

In vielen Köpfen hatte sich der in den Wechselstuben in Berlin-West praktizierte Wechselkurs 1 DM = 4 Mark der DDR als allgemeingültig durchgesetzt. Wenn es um die inländische Kaufkraft geht, war das eine glatte Fehleinschätzung. Das bestätigte ein mit Unterstützung der EU im Mai 1990 durchgeführter Preisvergleich in Berlin-West und Berlin-Ost.

Für etwa 1000 ausgewählten Erzeugnissen und Leistungen wurden die Preise getrennt für Ost- und Westberlin ermittelt. Das Ergebnis war abhängig vom jeweiligen Warenkorb, da die Verbrauchsstrukturen unterschiedlich waren. Es wurde ermittelt:

- 1 DM = 1,14 Mark der DDR mit der Gewichtung Verbrauch Bundesrepublik
- 1 DM = 1,32 Mark der DDR mit der Gewichtung DDR-Verbrauch.

Auf jeden Fall konnte man im Inland mit einer Mark der DDR mehr Waren und Dienstleistungen erwerben, als mit einer DM-West in Westdeutschland.

Selbst Thilo Sarrazin, dessen Rolle bei der Währungsunion wir im folgenden Abschnitt näher betrachten, stellt fest: *Die Binnenkaufkraft der DDR-Mark war in etwa so hoch wie die Binnenkaufkraft der Westmark. Zwar kostete ein Wartburg 30.000 und ein Farbfernseher 5.000 Ostmark, aber das repräsentierte ja nicht den gesamten Warenkorb. Dazu gehörten Lebensmittel, Energie, Mieten und soziale Dienstleistungen. Und so gesehen, konnten Sie für die DDR-Mark in der DDR genau so viel kaufen wie mit der D-Mark in der Bundesrepublik.*[15]

Bestätigt wurden diese Relationen wenig später in den drei Folgejahren durch die unterschiedliche Preisentwicklung zwi-

---

15 www.manager-magazin.de/politik/artikel/a-703860-2.html

schen den beiden Landesteilen Ost und West. In diesem Zeitraum wurden Preise, Tarife und Mieten in Ostdeutschland dem westdeutschen Preisniveau angepasst. Wenn die Mark der DDR nominal weniger Wert gehabt hätte, wie es ununterbrochen behauptet wurde, hätte das Preisniveau in Ostdeutschland sinken müssen, es ist aber schneller als in Westdeutschland gestiegen, weil für Mieten, Verkehrstarife, Gebühren für Kinderbetreuung mehr bezahlt werden musste. Hier ein extremes Beispiel:

Für die jährliche Pacht eines Waldgrundstückes mit etwa 1.000 m^2 in der Berliner Umgebung mussten bis 1989 exakt 120 Mark der DDR jährlich entrichtet werden – 2005 waren es 1.100 Euro![16]

Sarrazins Lügen über die Währungsunion

Die »Berliner Morgenpost« titelt am 1.7.2010, dem 20. Jahrestag der Währungsunion: *War Ex-Senator Thilo Sarrazin der »Erfinder« der Währungsunion?* Und stellt fest: *Sarrazin nimmt für sich in Anspruch, der »Erfinder« der heute genau vor 20 Jahren in Kraft getretenen Wirtschafts-, Währungs- und Sozialunion gewesen zu sein. »Bis zur Unterschrift unter den Vertrag zur Währungsunion lief ohne mich kein Schritt«*, erklärt dieser. Alle anderen einflussreichen Medien rissen sich geradezu darum, von diesem »Erfinder« ein Interview zu bekommen.

---

16 Für Preisvergleiche ist die Tabelle 17 in der Anlage aufschlussreich.

»20 Jahre deutsch-deutsche Währungsunion – War sie ein Fehler, Herr Sarrazin?«

Auszüge:

Sarrazin: »Damals war für mich als zuständigen Beamten die Währungsunion ein unverzichtbarer Baustein auf dem Weg zur deutschen Einheit. **Es ging in diesen Monaten darum, die DDR in einer Weise zu binden, die nicht mehr aufgehoben werden konnte.** Denn es stand doch die große Gefahr eines »dritten Weges« im Raum. Die DDR als weiterer Staat deutscher Zunge. Es kam darauf an, in diesen Monaten vollendete Tatsachen zu schaffen. Und das zugleich mit einer DDR-Führung, die zwar taumelte, aber noch funktionierte. Mit der Währungsunion kam ja im Paket die Übernahme unseres Wirtschaftssystems. Das bedeutete die vollständige Entmachtung der DDR-Führung.

Außerdem haben wir der DDR vor der Einheit unser gesamtes Wirtschafts- und Sozialrecht übergestülpt. Wir haben sie in allen wichtigen Punkten vollständig entmachtet. Die Währungsunion war mit der Einführung des Rechtsrahmens der Bundesrepublik in der DDR verbunden. Das war der Anschluss an die Bundesrepublik.«

Warum fällt es denn so viel leichter, für Ostdeutschland zu zahlen als für die Griechen oder Portugiesen?

»Erst einmal gilt »Liebe Deinen Nächsten wie Dich selbst«. Gleichwohl ist die Solidarität abgestuft. Zunächst sorgt man für die Familie, dann vielleicht für ein paar gute Freunde. Dann tut man etwas für die eigene Stadt, für das eigene Volk, den eigenen Staat – und erst dann kommt der Rest der Welt. Die deutsch-deutsche Währungsunion war die Vereinigung eines wirtschaftlich erfolgreichen Landes von 62 Millionen mit einem wirtschaftlich gescheiterten von 17 Millionen Einwohnern. Die damit verbundenen Transfers pendelten über 20 Jahre zwischen 150 und 200 Milliarden Mark im Jahr. **Diese Transfers haben die Bundesrepublik an den Rand ihrer finanziellen Leistungsfähigkeit gebracht. Sie haben außerdem dazu geführt, dass der Wohlstand in Westdeutschland nicht in einer Weise zugenommen hat, wie man es sonst hätte erwarten können.** Das war ein notwendiger Beitrag im Rahmen der deutschen Einheit. Diese Solidarität auf Basis einer tausendjährigen gemeinsamen Geschichte ist etwas ganz anderes als die Frage, welche Solidarität es in einem Wirtschaftsraum mit 400 Millionen Menschen gibt.«

Die deutsch-deutsche Währungsunion mag ja Euphorie ausgelöst haben. Sie war aber auch ein Schock, der zur Deindustrialisierung Ostdeutschlands beigetragen hat. War sie Fluch oder Segen für die neuen Bundesländer?

»Es war ein Schock, ja. Ob es aber die Deindustrialisierung bewirkt hat, wage ich zu bezweifeln. **Ich glaube nicht, dass wegen der Aufwertung der Ostmark Industrie untergegangen ist, die andernfalls überlebt hätte. Der Substanzverlust besteht weniger im Verlust von Industriearbeitsplätzen – das hat sich inzwischen eingependelt** –, vielmehr ist ein Verlust, dass die industriellen und wissenschaftlichen Führungszentren mit Ausnahme von Dresden, Jena und Berlin heute ausschließlich im Westen liegen.«

Wer sind die Verlierer nach 20 Jahren Währungsunion?

»**Verlierer sind eindeutig die Westdeutschen als Kollektiv.** Die Kraft, die in die Finanzierung Ostdeutschlands ging, fehlte im Westen allenthalben im Straßenbau, in der Bildung und in anderen Bereichen. Das war schon ein Verzicht auf Wohlstandszuwachs. Das Realeinkommen der Arbeitnehmer liegt in Westdeutschland trotz des Wachstums der Wirtschaft nur etwa auf dem Niveau von 1990.« (Hervorhebungen durch die Autoren K.B. und W.K.)

Ehe wir auf die gravierendsten Ungeheuerlichkeiten in den Aussagen Sarrazins eingehen, ist eine Richtigstellung zur Bedeutung seiner Person in diesem Prozess notwendig: Nicht der »kleine Abteilungsleiter« im großen Finanzministerium – wie sich Sarrazin selbst bezeichnet – hat die Währungsunion »erfunden«, da waren seit Jahren Kräfte am Werk, denen er vielleicht ideologisch durchaus nahe stand. In »Die Schulden des Westens« ist das unter dem Kapitel »Alt-Nazis bereiten den Coup vor« akribisch nachgewiesen. Das Resümee lautet: *Damit lag Mitte der 80er Jahre das theoretische Rüstzeug für die Angliederung der DDR an die BRD vor.* (siehe Anlage 2) Es wäre durchaus interessant zu erfahren, wieviel von diesem Rüstzeug der selbstverliebte »kleine Abteilungsleiter« genutzt hat.

Befassen wir uns mit den Aussagen des FAZ-Interviews:

Bemerkenswert ist zunächst, dass einführend im Klartext die Katze aus dem Sack gelassen wird. Es ging darum, schnellstens durch die Währungsunion unumstößliche Tatsachen für den **Anschluss der DDR** zu westdeutschen Bedingungen zu schaffen. Nicht »Vereinigung«, »Beitritt« – es ging um »Anschluss«.

Was dann im Interview folgt, sind Lügen und Verdrehungen durch den, der »seine Nächsten wie sich selbst liebt.« (Siehe seine Vorschläge zur Kürzung von Hartz IV-Bezügen) Der Leser möge sich zu den Einzelheiten der Infamie des Interviews sein eigenes Urteil bilden. Wir entlarven zwei glatte Lügen: Behauptung eins: Der Substanzverlust von Industriearbeitsplätzen hat sich bis heute eingependelt«. Tatsache: Im Jahre 2013 arbeiten im »Verarbeitenden Gewerbe« in Ostdeutschland einschließlich Berlin 1,02 Millionen Erwerbstätige, 1989 in der DDR waren es 3,4 Millionen! Sachkenntnis scheint nicht die Stärke des Herrn T. Sarrazins zu sein. Behauptung zwei: »Verlierer sind eindeutig die Westdeutschen als Kollektiv«, denn die jährlichen Transfers von 150 bis 200 Milliarden Mark haben den Westen an den Rand des Ruins gebracht. Letztere Aussage unterziehen wir einer näheren Betrachtung, weil sie vielfach so kolportiert wird.

Was sind Transferleistungen?

»Die inhaltliche Bestimmung dessen, was Transfers eigentlich sind, ufert derart aus, dass schließlich alle horizontalen und vertikalen Finanzbeziehungen – von der Berlinhilfe des Bundes bis zum Sold für Zivildienstleistende, sofern sie den Osten betreffen – unter den Begriff der West-Ost-Transfers subsumiert werden.«

Struktur der Transferleistungen von 1991 bis 2003 in Mrd. Euro

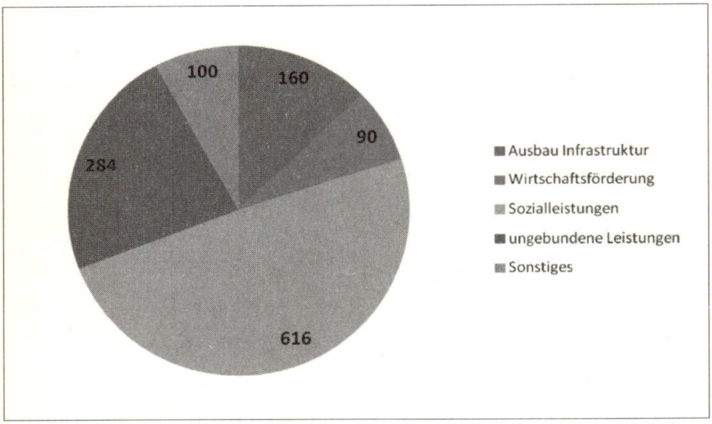

Die Struktur der Transferleistungen zeigt, dass mit 50 Prozent der Hauptteil aus Sozialleistungen für die neuen Bundesländer besteht (Renten, Arbeitslosengeld, Sozialhilfe).

Beim »schlechtesten Willen« ist es unmöglich, diese zum West-Ost-Transfer zu zählen. Es gehört schon Infamie dazu, den Osten Deutschlands erst seines Eigentums und seiner Industrie zu berauben, Millionen Menschen dadurch in die Arbeitslosigkeit oder in den Westen zu treiben und dann die zum Ausgleich notwendigen sozialen Hilfen als »Geschenk des Westens« zu deklarieren.

Es ist Unterschlagung, wenn sich westdeutsche Finanzorgane die Versicherungen der Ostdeutschen aneignen und danach den Ostdeutschen die ihnen zustehenden Bezüge als Hilfe des Westens für den Osten bezeichnen.

Es gehört eine Portion Unverfrorenheit dazu, die »Buschzulagen« für Beamte, Ausgaben für Verteidigung, Bundeswehr und Grenzschutz, den Ausbau Berlins zur Hauptstadt, die sich hinter »Sonstigem« verstecken, dem Osten anzulasten. Es ist unsinnig, den Ausbau der Verkehrsverbindungen, insbesondere zwischen der Hauptstadt Berlin und den Bundesländern, sowie den Ausbau der Transitwege als »Aufbau Ost« zu deklarieren.

Die meisten Transferleistungen sind im Grundgesetz verankert. Sogar der »Sachverständigenrat« musste 1992 darauf hinweisen, dass es sich bei dem weitaus größten Teil der Transferleistungen um allgemeine Leistungen handelt, die als einigungsbedingte Ausgaben lediglich die Vergrößerung des Bundesgebietes widerspiegeln, weil nun der Bund seine gesetzlichen Aufgaben auch in den neuen Bundesländern erfüllen muss.

Der Berliner Tagesspiegel stellte fest: »Die Schätzungen über die Gesamttransfers seit der Wende von West nach Ost reichen von 1,1 Billionen bis 1,5 Billionen Euro. Diese Zahlen sind zu hoch, weil darin Geldströme in die Sozialkassen berücksichtigt sind. Denn die Menschen im Osten sind häufiger arbeitslos oder krank, und der Anteil der Rentner ist höher. Zugleich gibt es weniger Jobs als im Westen«.[17]

Bestenfalls können die 20 Prozent für »Infrastruktur« und »Wirtschaftsförderung« als »Aufbau Ost« bezeichnet werden. Aber auch dafür gilt, dass ein Großteil der Transferzahlungen direkt in westdeutschen Taschen landet oder als Konsum-Nachfrage an Westunternehmen zurückfließt. Das DIW bemerkte dazu 1992: »Von 100 Millionen DM, die in den neuen Bundesländern für Ausrüstungen und Anlagen ausgegeben werden, landeten fast 78 Prozent in den alten Ländern und im westlichen Ausland. Von 100 DM, die im Osten für Konsumartikel ausgegeben wurden, blieben genau 30,50 DM dort, der Rest

17 Tagesspiegel vom 8./9. April 2007

floss ab an westdeutsche Produzenten, Handelsketten, Automobil- und Warenhauskonzerne.« Expertenschätzungen zufolge machte dieser Gewinn schon bis 1999 etwa 500 Milliarden Euro aus.[18]

Hinzu kommt noch ein weiteres Problem, das in unmittelbarer Nachbarschaft innerhalb Europas besichtigt werden kann. Die wirtschaftlichen und sozialen Spannungen innerhalb einer Nation haben in den beiden letzten Jahrzehnten Bestrebungen zur Abspaltung in Ländern wie Italien, Spanien, Belgien und im Vereinigten Königreich geführt. Wortführer sind dabei die Repräsentanten der vermeintlich wirtschaftlich stärkeren Regionen, die meinen, dass auf ihre Kosten die »ärmeren Landesteile« die Früchte ihrer fleißigen Arbeit verzehren. Noch wird in der Bundesrepublik lediglich über Zweck und die Zukunft des verfassungsrechtlich festgelegten Länderfinanzausgleichs gestritten. Im Umfeld dazu gibt es jedoch bereits Horrormeldungen, dass die deutsche Einheit bisher knapp zwei Billionen Euro an Fördermitteln verschlungen habe. So schreibt die »Welt am Sonntag« am 5. Mai 2014:

»Die Wirtschaftskraft eines Ostdeutschen dürfte um mindestens ein Drittel geringer als die eines Westdeutschen sein. Der Osten ist damit nach wie vor das Griechenland der Bundesrepublik. Auf zwei Billionen Euro beläuft sich zufälligerweise auch die Gesamtschuldenlast Deutschlands. Hätte man also auf die Einheit verzichtet und die DDR nur geleast oder gleich an Russland verkauft, wäre Westdeutschland heute schuldenfrei.«

Das ist nationalistische Stimmungsmache, vergleichbar mit der Agitation der Lega Nord in Italien.

Fazit: Selbst bei großzügiger Betrachtung betragen die realen Transferleistungen von West nach Ost jährlich weniger als 25 Milliarden Euro. Die BRD-Regierung räumte im Jahresbericht zur Deutschen Einheit 2006 ein: »Seit 1990 wurden 250 Milliarden Euro direkte Aufbauhilfe organisiert«.

---

18 Junge Welt 23. September 2004

Der Wirtschaftsboom West durch den Beitritt der DDR

In Westdeutschland schlug sich die Annexion der östlichen Absatzgebiete in einem grandiosen, unter den Bedingungen einer sich verschärfenden Krise des Kapitalismus nicht mehr für möglich gehaltenen Wirtschaftswachstum nieder.

Wirtschaftswachstum in der BRD (BIP Preise 1991) in Prozent

		Gesamt	Pro Jahr
Vor dem Beitritt	1980–1989	18,1	1,9
Nach dem Beitritt	1989–1991	11,1	5,4

Quelle: Statistisches Taschenbuch des BMGuS 2004

Aus diesen Fakten lässt sich der wirtschaftliche Gewinn Westdeutschlands ziemlich eindeutig bestimmen: Die Fortsetzung des »normalen Wirtschaftswachstums« von knapp zwei Prozent je Jahr hätte innerhalb von zwei Jahren (von 1989 bis 1991) einen »normalen« Zuwachs von maximal vier Prozent für den Westen Deutschlands gebracht. Die Annexion der Ostgebiete im Zuge der Wiedervereinigung führte in jenen zwei Jahren aber real zu über elf Prozent Zuwachs. Das bedeutet einen Sprung in der wirtschaftlichen Leistung des Westens um sieben Prozent. Ein Leistungssprung von 7 Prozent entsprach im Jahre 1991 einem Bruttoinlandsprodukt West von 185 Milliarden DM. Dieser Niveausprung bedeutete eine ständig erhöhte wirtschaftliche Leistung in den alten Bundesländern. Die Anfang der 90er Jahre eintretende Stagnation der weltwirtschaftlichen Entwicklung konnte die BRD auf Kosten Ostdeutschlands vermeiden.

Es ist grotesk, wenn Sarrazin behauptet, »die Westdeutschen seien als Kollektiv« Verlierer der Einheit. Neben dem legalisierten Diebstahl des Volkseigentums füllten insbesondere die Gewinne aus diesem gewaltigen wirtschaftlichen Einheitsboom die Kassen der Konzerne und die Privatkonten ihrer

Besitzer. Nicht zufällig weist die offizielle – stark frisierte, um nicht zu sagen gefälschte – Einkommenssteuerstatistik bei den reichsten Deutschen allein zwischen 1989 bis 1992 den größten Vermögenszuwachs in der deutschen Geschichte aus.

Insbesondere Handelsketten, Autokonzerne, Bauunternehmen und Finanzinstitutionen haben im Zuge der Wiedervereinigung ihre Gewinne explosionsartig gesteigert. Die Gewinne aller Kapitalgesellschaften (AG, GmbH) legten um 75 Prozent zu. »Die westdeutschen Kämmerer hätten ohne die deutsche Einheit in der Zeit von 1990 bis 2003 rund 400 bis 500 Milliarden Euro weniger eingenommen«.[19] Im Gefolge dieses Wirtschaftsaufschwunges kamen im Westen Deutschlands auch Millionen Menschen in den Genuss eines Arbeitsplatzes. Die Zahl der Erwerbstätigen stieg im ersten Jahrzehnt nach dem Beitritt in den alten Bundesländern um 1,6 Millionen.

Die Schulden des Westens – 4 Billionen DM bis zum Jahr 2000

Seit Gründung beider deutscher Staaten im Jahre 1949 plündert die Bundesrepublik die Deutsche Demokratische Republik und nunmehr den Osten Deutschlands aus: Einseitige Reparationsleistungen, Abwerbung und Abwanderung von über 3 Millionen ausgebildeten Arbeitskräften **vor und nochmals nach** dem Anschluss, Embargo, Handelssanktionen und letztlich Raub des Volkseigentums führten nach unseren Berechnungen zu einer Bundesschuld von über vier Billionen DM – gerechnet bis zum Jahre 2000 in DM. Dem stehen Vorteile des Westens in fast gleicher Größenordnung gegenüber.[20]

---

19 Neues Deutschland 10. November 2004

20 Die Auswirkungen stellen entweder »direkte verzinste Schulden« bei Reparationen, Marshallplan und Volksvermögen dar, oder sind als Auswirkungen auf das BIP für den Gesamtzeitraum berechnet.

Die Schulden des Westens (Milliarden DM)

	Verluste Ost	Gewinne West
Bis zum Anschluss 1949–1990		
Reparationsleistungen	1.300	
Abwanderung/Abwerbung	660	1.020
Innerdeutscher Handel	110	
Nach Anschluss 1991–2000		
Raub des Volksvermögens	1.900	
Zusätzliches Wirtschaftswachstum		1.850
Gesamtauswirkungen 1949–2000	**3.970**	**3.150**

Unsere Berechnungen weisen Lücken auf. Diese führen dazu, dass die Schulden zu niedrig ausgewiesen werden. Wir konnten nur die direkten Auswirkungen annähernd quantifizieren. Folgewirkungen, insbesondere auf die strukturelle Entwicklung der Wirtschaft der DDR durch die Auswirkungen des Wirtschaftsembargos, der Währungsmanipulationen und vieles andere konnten nicht erfasst werden. Unsere Untersuchung schließt aus Gründen der Datenerhebung mit dem Jahre 2000 ab. Seitdem sind weitere dreizehn Jahre vergangen, in denen die Schulden allein aus Gründen der Preisentwicklung und Verzinsung weiter angewachsen sind. Auch der Exodus der ostdeutschen Bevölkerung hält an. Uns geht es um die Dimension der Aussage, nicht um buchhalterische Schuldenrechnungen.

Diese volkswirtschaftlichen Gesamtaussagen sind um einen weiteren Aspekt zu ergänzen. »Hinzuzurechnen sind [...] auch die rund 60 Milliarden Mark an persönlichem Sparvermögen der Bürgerinnen und Bürger der DDR, die mit der Einführung der Währungsunion und dem Umtauschkurs von 2 Mark zu einer DM gestrichen wurden. Noch am 29. Januar 1990 hatte das Bundesfinanzministerium in einem internen Grundsatzpapier festgestellt, dass die Kaufkraftrelation zwischen der Mark der

DDR und der DM 1 zu 1,07 betrug. Doch statt eines so überaus berechtigten Umtauschkurses von 1 zu 1 wurde für große Teile der Spareinlagen ein Betrugskurs von 2 zu 1 sanktioniert«.[21]

Deshalb wurde im Staatsvertrag über die Wirtschafts-, Währungs- und Sozialunion vom 18. Mai 1990 in Art. 10 (6) vereinbart: »Nach einer Bestandsaufnahme des volkseigenen Vermögens [...] wird die DDR nach Möglichkeit vorsehen, dass den Sparern zu einem späteren Zeitpunkt für den bei der Umstellung 2:1 reduzierten Betrag ein verbrieftes Anteilsanrecht am volkseigenen Vermögen eingeräumt werden kann.«

Dieser Rechtsanspruch ist in den Einigungsvertrag Artikel 25 (6) wie folgt übernommen worden: »Nach Maßgabe des Artikels 10 Absatz 6 des Vertrages vom 18. Mai 1990 sind Möglichkeiten vorzusehen, dass den Sparern zu einem späteren Zeitpunkt für den bei der Umstellung 2:1 reduzierten Betrag ein verbrieftes Anteilsrecht am volkseigenen Vermögen eingeräumt werden kann.« Die politisch herrschende Klasse sieht das natürlich anders. Entschädigungen sind für sie tabu. Das Problem wird nicht mehr thematisiert.

Die westdeutschen Nutznießer des Einheitsprozesses sind eindeutig. »Kasse gemacht« im großen Stil haben die Besitzer von Handelsketten, Finanzinstitutionen und Aktiengesellschaften; Top-Manager, Juristen und Liquidatoren, insbesondere in der Treuhand, in Aufsichtsräten von ehemaligen DDR-Firmen, die überdurchschnittlich verdient haben; Politiker und höhere Beamte, die im Osten legal und illegal abkassiert haben und andere Nutznießer der deutschen Einheit. Natürlich ist das nicht namentlich zu adressieren. Nachweisbar ist jedoch, dass in den »Wendejahren« in diesen noblen Kreisen eine sprunghafte Erhöhung des privaten Vermögens in ungeahnten Dimensionen erfolgt ist.

---

21 »Unfrieden in Deutschland« – Weissbuch der GBM Nr. 6, 1999, Seite 83

Der Vermögenssprung westdeutscher Privathaushalte zwischen 1998 und 1993 in Mrd. DM

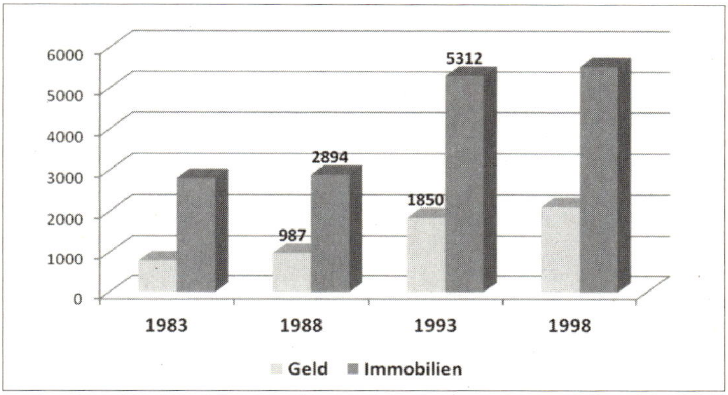

Quelle: Studie der Goethe-Universität Frankfurt/Main

Aus der Darstellung ist ersichtlich, wie in den 5 Jahren 1989 bis 1993 das Vermögen westdeutscher Haushalte geradezu explosionsartig anstieg. Eine Entwicklung, die weder davor noch danach wieder eingetreten ist. Die Einheitsgewinnler hatten »Kasse gemacht«, sich die ostdeutschen Immobilien unter den Nagel gerissen, Boomgeschäfte in Ost und West getätigt, ihr Geldvermögen kräftig vermehrt. Danach ging es munter weiter, aber nicht im gleichen Tempo.

Das Vermögen konzentriert sich auf kleinste und feinste Oberschichten und steigt in diesen Kreisen ständig weiter an. Wer hat, dem wird gegeben. Veröffentlichungen über die Reichtumsentwicklung sind rar. Der aktuelle über 400 Seiten starke Armuts- und Reichtumsbericht Einzige Aussage: *Zur Verteilung der Privatvermögen in Deutschland liegen für den Berichtszeitraum Daten aus dem Jahre 2008 vor. Danach verfügen die Haushalte in der unteren Hälfte der Verteilung nur über gut ein Prozent des gesamten Nettovermögens, während die vermögensstärksten zehn Prozent der Haushalte über die Hälfte des gesamten Nettovermögens auf sich vereinigen. Der Vermögensanteil des obersten Dezils ist dabei im Zeitverlauf immer weiter angestiegen.*

Eine Studie der Hans Böckler Stiftung trifft dazu etwas deutlichere Aussagen:[22] *Zwei Drittel der erwachsenen Bevölkerung haben netto kein oder nur ein geringes Geld-oder Sachvermögen. 27 Prozent aller Erwachsenen besitzen Netto gar kein Vermögen, oder sie haben unter dem Strich sogar mehr Schulden als Eigentum. Diese Anteile haben sich trotz des wirtschaftlichen Aufschwungs in den letzten Jahren gegenüber 2002 kaum verändert.*

Anteil des individuellen Nettovermögen am Gesamtvermögen nach Dezilen in Deutschland 2002 und 2007

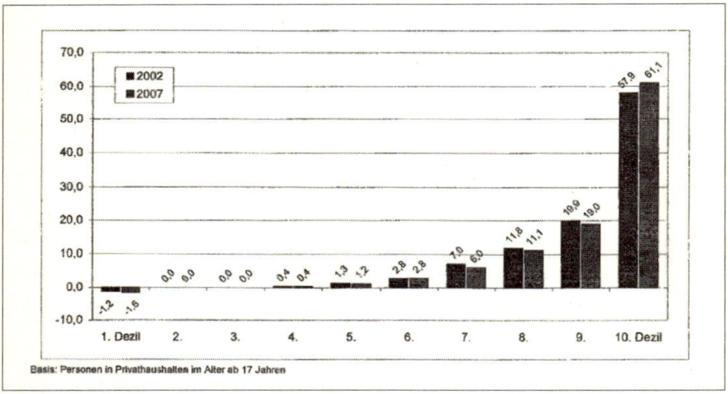

Quelle: Studie der Böckler-Stiftung

Auch im Ost-West-Vergleich ging die Entwicklung der Nettovermögen deutlich auseinander. Während in Westdeutschland die Nettovermögen zwischen 2002 und 2007 von durchschnittlich knapp 91.000 Euro auf gut 101.000 stiegen, sank der Mittelwert im Osten von rund 34.000 auf weniger als 31.000 Euro.

Immer wieder verkündet die Deutsche Bundesbank, wie das »Geldvermögen der Deutschen« unaufhaltsam steigt. Von den Medien wird das unter gleicher Überschrift periodisch »dem deutschen Volk« weiter gegeben. Eine der (vorläufig) letzten

22 Pressedienst der Hans Böckler Stiftung vom 21.1.2009 »Vermögen in Deutschland zunehmend ungleich verteilt«

Meldungen lautet: *Auch dank der Kursanstiege an den Börsen klettert das Geldvermögen der Deutschen auf immer neue Rekordhöhen. Im dritten Quartal 2013 wuchs das Vermögen der privaten Haushalte in Form von Bargeld, Aktien, Wertpapieren, Bankeinlagen oder Ansprüchen gegenüber Versicherungen zum Vorquartal um 48 Milliarden Euro oder ein Prozent auf den Höchstwert von rund 5070 Milliarden Euro, wie die Bundesbank mitteilte.*[23]

Vorstellungen, die auch wir hatten, für den Osten einen Ausgleich für »die Schulden des Westens« zu erstreiten, haben sich als Illusion erwiesen. Die politischen Kräfte dafür sind ein Viertel Jahrhundert »danach« offenkundig nicht mehr zu mobilisieren. Damit ist die Ostproblematik eingebettet in die Gesamtproblematik des kapitalistischen Gesellschaftssystems. Es geht jedoch darum, den Menschen im Osten die grundgesetzlich garantierten gleichen Lebensbedingungen zu sichern. Wie weit sind wir dabei in einem viertel Jahrhundert gekommen?

---

23 Die Welt vom 24.1.2014

Die zementierte Spaltung

Schlichte Euphorie oder Sachverstand?

Unmittelbar vor der entscheidenden Volkskammerwahl im März 1990 hat sich der langjährig beamtete Staatssekretär im Wirtschaftsministerium der Bundesrepublik Otto Schlecht optimistisch und teilweise euphorisch über die künftige Entwicklung der ostdeutschen Wirtschaft geäußert. »Wenn die Voraussetzungen stimmen und der Motor anspringt, dann könnte der Aufschwung schneller vor sich gehen als bei uns in den späten vierziger und den fünfziger Jahren.« Weiter: Und dabei brauche trotz schnellen Produktivitätsanstiegs »schon gar im produktiven Bereich niemand Sorge vor größerer Arbeitslosigkeit zu haben.« Vorübergehend könnte es allerdings Arbeitslosigkeit in der »völlig überzogenen Bürokratie, auch in den Unternehmensverwaltungen geben.« Und weiter: »Bei richtiger Weichenstellung könne die DDR-Wirtschaft in den 90er Jahren das Niveau von Niedersachsen erreichen.«[24]

Diese Prognose stammte nicht von einem gelernten Historiker wie Helmut Kohl, der vielleicht in einem Anfall von Euphorie blühende Landschaften versprach, sondern dem Wirtschaftsexperten der damaligen Bundesregierung!

Die wirtschaftliche Entwicklung in den neuen Bundesländern verlief jedoch in eine für die damaligen Experten nicht erwartete Richtung: Es begann ein wirtschaftlicher Absturz im Osten Deutschlands, wie er nie in Friedenszeiten zu beobach-

---

24 »Mut zum Markt soll in der DDR Kräfte freisetzen« *Kölner Stadtanzeiger* 10.3.1990

ten war. Das Bruttoinlandsprodukt – das Spiegelbild aller wirtschaftlichen Leistungen – verringerte sich von 1989 bis 1991 in den neuen Bundesländern (ohne Berlin) um fast ein Viertel. Wurden 365 Mrd. DM im Jahr 1989 noch erwirtschaftet, waren es 1991 nur noch 285 Mrd. DM![25] Besonders betroffen waren die Bereiche Industrie (Rückgang **auf** 28,9 Prozent, Verkehr und Nachrichtenwesen auf 55,6 Prozent. Es gab aber auch einen Aufschwung: Der Bereich »Finanzierung, Vermietung, Unternehmensdienstleistung verdoppelte innerhalb dieser beiden Jahr seine Leistungen und auch der Bereich »Handel, Reparatur von Kfz und Gebrauchsgütern leistete im Jahr 1991 10 Prozent mehr als 1989.[26]

Zunächst tröstete man sich mit der Behauptung: Die DDR-Wirtschaft war deutlich mehr marode als ursprünglich angenommen. Dieses Trostpflaster wird bis heute aufgelegt, wenn es gilt, die anhaltende Rückständigkeit des Ostens zu begründen. (siehe Vorwort)

Diese Behauptungen widerlegen Fakten. Neben veralteten Maschinen und Geräten gab es in der DDR neue und zum Teil aus dem kapitalistischen Ausland importierte Anlagen, die durchaus konkurrenzfähige Produkte herstellten. Werkzeugmaschinen, polygrafische Ausrüstungen, Transportausrüstungen u.a.m. wurden in viele Himmelsrichtungen exportiert. Schließlich haben die großen Versandhäuser der Bundesrepublik über viele Jahre in einem beträchtlichem Umfang Erzeugnisse aus der DDR-Produktion bezogen.

Alle internationalen und historischen Erfahrungen belegen: Nach einem wirtschaftlichen Einbruch in dieser Größenordnung, gleichgültig durch Krieg, Krisen oder Naturkatastrophen, wird es immer erforderlich, die Ausrüstungsinvestitionen anzukurbeln und im großem Maßstab neue modernere Produktions-

25 G. Heske: Gesamtrechnung Ostdeutschland, Zentrum für Historische Gesamtforschung, Supplement No. 17 S. 263 umgerechnet von Euro in DM vom Verfasser.

26 Ebenda, S. 266

kapazitäten zu errichten. Das ist in den neuen Bundesländern ausgeblieben und diese Enthaltsamkeit rächt sich nun über Jahrzehnte.

Der Schlüssel für einen wirtschaftlichen Aufschwung in den neuen Bundesländern wäre unter diesen Bedingungen eine offensive Förderung von Ausrüstungsinvestitionen gewesen. Mit ihnen wären neue und in der Regel produktivere Arbeitsplätze entstanden und so die vorhandenen und nicht zu leugnenden Defizite an Wirtschaftskraft Schritt für Schritt beseitigt.

Die Entwicklung verlief jedoch nicht in einer solchen Richtung.

Das Ausbleiben eines raschen Ausrüstungsbooms in den neuen Bundesländern hatte eine Vorgeschichte. Bereits im Verlauf der beiden Jahre 1989 und 1990 startete in der Industrie der Bundesrepublik ein Investitionsboom mit jeweils jährlichen Zuwachsraten von 10 Prozent.[27] Besonders in den Branchen der Verbrauchsgüterindustrie und der Nahrungsmittelindustrie wurde so sehr früh die Übernahme der neuen Märkte in Ostdeutschland langfristig und strategisch vorbereitet. Es war unter diesen Bedingungen absehbar, dass ein weiterer Boom für Ausrüstungsinvestitionen für die angeschlossenen neuen Länder nicht mehr erforderlich war. Die im Westen der Bundesrepublik errichteten neuen Kapazitäten reichten für die Eroberung des nun zugefallenen neuen Marktes aus.

Die weitere Entwicklung bestätigt diese Wahrheit. Nach dem Beitritt der DDR gab es zunächst einen zaghaften Anstieg von Ausrüstungsinvestitionen, die relativiert mit dem Potential an Erwerbstätigen aber immer noch unter dem westdeutschen Niveau blieben. Bereits nach wenigen Jahren wurde der zaghafte Anstieg an Ausrüstungsinvestitionen wieder abgebrochen und das immerhin noch stetig wachsende Potential an Ausrüstungsinvestitionen überwiegend in das frühere Bundesgebiet gesteuert. Ab dem Jahr 2000 gibt es in Ostdeutschland sogar eine rückläufige Entwicklung.

---

27 Statistisches Jahrbuch 1991 für das vereinte Deutschland, S. 636

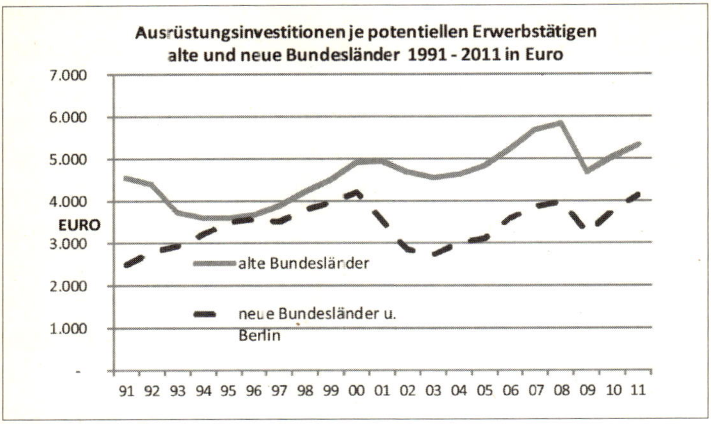

Quelle: Statistisches Bundesamt, Wiesbaden, Volkswirtschaftliche Gesamtrechnung, eigene Berechnungen

Als Bezugsgröße für das Volumen an Ausrüstungsinvestitionen wurde in dieser Abbildung richtigerweise das vorhandene Erwerbspersonenpotential ausgewählt.

Es ist offensichtlich: Ein wirklicher »Aufbau Ost« hat nicht stattgefunden. In keinem einzigen Jahr wurden bevorzugt Ausrüstungsinvestitionen in die neue Bundesländer und Berlin eingesetzt. Verschärfend kommt hinzu, dass sich im zurückliegenden Jahrzehnt diese Kluft vergrößerte. Damit ist absehbar, dass eine Angleichung der Wirtschaftskraft und damit der Lebensverhältnisse innerhalb der Bundesrepublik eine »Fata Morgana« geworden ist.

Viele Wirtschaftsexperten der Bundesrepublik haben nach dem Beitritt der DDR in die Bundesrepublik auf die Erfahrungen nach der Währungsreform und der Einführung der sozialen Marktwirtschaft ab dem Jahr 1948 verwiesen und damit die Hoffnung geweckt, dass sich ein derartiger Vorgang in den 1990er Jahren in den neuen Bundesländern wiederholen würde.

Das westdeutsche »Wirtschaftswunder« in den 1950er Jahren wird einseitig als Erfolg kompromissloser neoliberal geprägter Marktwirtschaft interpretiert. Allein die Einführung der

DM hätte einen lang anhaltenden Aufschwung in der Bundesrepublik bewirkt. Die historischen Fakten bestätigen das überhaupt nicht.

- Die Währung der Bundesrepublik, die DM, war jahrelang unterbewertet und stützte so die bundesdeutsche Exportwirtschaft über viele Jahre. Nach den internationalen Währungsvereinbarungen von Bretton-Woods galt lange Zeit ein stabiler Wechselkurs 1 US-Dollar = 4,20 DM verbunden mit einer Devisenwirtschaftsordnung in der Bundesrepublik.
- Um die Kriegsfolgen im Westen Deutschlands schnell zu beseitigen, wurde eine mehrjährige Vermögensabgabe, genannt Lastenausgleich eingeführt, eine über mehrere Jahre zu leistende Abgabe auf die von den Folgen des 2. Weltkrieges verschonten Sachvermögen. Damit wurden u.a. zusätzliche Mittel für Aufbaukredite finanziert.
- Durch einem Generalstreik der Gewerkschaften im November 1948 gegen die rabiaten Preiserhöhungen nach der Währungsreform von Juni 1948 wurden wieder Preiskontrollen und Preisregulierungen für Lebensmittel und Textilien eingeführt – alles Instrumente, die nicht dem freien Spiel der Marktkräfte gehorchten.

Alle diese Bedingungen hatte man 1990 »vergessen« und man setzte ausschließlich auf pure Marktwirtschaft, um die wirtschaftlichen und sozialen Probleme im Osten der nun größeren Bundesrepublik zu meistern.

Wie prekär die Bundesregierung den bisherigen Verlauf der wirtschaftlichen Entwicklung in den neuen Bundesländern einschätzt, beweist schon die Existenz eines jährlichen Berichts zum Stand der deutschen Einheit. Die Frage ist berechtigt, warum die Bundesregierung mehr als zwei Jahrzehnte nach dem Beitritt der DDR es immer noch für erforderlich hält, jährlich einen derartigen Bericht von mehr als 100 Seiten ausarbeiten zu lassen?

Eine Gegenfrage: Warum verzichteten die Regierungen in der Bundesrepublik und in der DDR in den 1970er Jahren einen jährlichen Bericht zum Stand der Beseitigung der Folgen des 2. Weltkrieges heraus zu geben? Die Antwort ist einfach: Damals waren beide deutsche Staaten innerhalb eines Jahrzehnts in der Lage, die ungeheuren Zerstörungen der Produktionspotentiale sowie der materiellen Infrastruktur, die im Verlauf und im Nachgang des 2. Weltkrieges auf deutschen Boden entstanden sind, zu beseitigen und noch mehr: Beide deutschen Staaten waren moderner und reicher geworden als in der Vorkriegszeit. Die Kriegszerstörungen waren kein Thema mehr.

Jetzt ist es abzusehen, dass es unrealistisch ist, den 1994 veränderten Grundgesetzauftrag der »Herstellung gleichwertiger Lebensverhältnisse im Bundesgebiet« für die neuen Bundesländer zu verwirklichen. Die Bundesregierung resigniert, die Medien bereiten die Bevölkerung auf die Zementierung der bestehenden Unterschiede vor. In ihrem jüngsten Bericht zur deutschen Einheit 24 Jahre nach dem Beitritt fest:

»Der Angleichungsprozess an das Wirtschaftsniveau in Westdeutschland hat sich in den letzten Jahren allerdings deutlich verlangsamt. Zwischen Ost- und Westdeutschland bestehen noch spürbare Unterschiede in der Wirtschaftskraft je Einwohner, den Löhnen und Gehältern fort. Gleiches gilt auch für das Steueraufkommen je Einwohner. Die Arbeitslosenquote liegt immer noch deutlich über dem Niveau Westdeutschlands.«

Wie steht es um die Wirtschaftskraft der neuen Bundesländer?

Ein bedeutsamer Beleg für den wirtschaftlichen Rückstand der neuen Bundesländer ist die Kennziffer »Bruttoinlandsprodukt je Einwohner«.

Gemessen am Bruttoinlandsprodukt je Einwohner bleiben die ostdeutschen Regionen die Schlusslichter in der Bundesrepublik hinsichtlich ihrer Wirtschaftskraft.

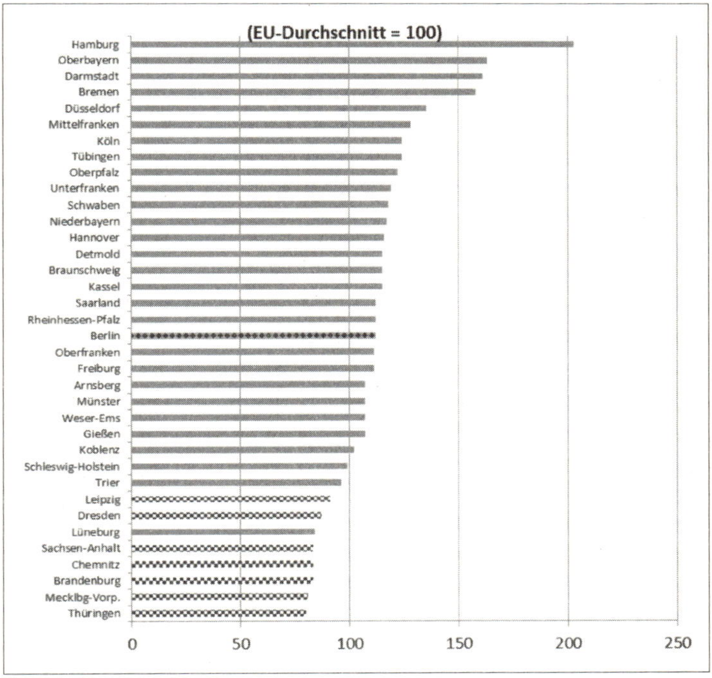

Für eine tiefere Analyse der regionalen Struktur eignet sich nicht die Aufteilung nach den 16 Bundesländern, sie sind in ihrer Größe zu sehr differenziert. Für aussagefähigere regionale Vergleiche, ist die Bundesrepublik in 36 Regionen aufgeteilt. Nach dieser Gruppierung werden in der EU Fördermittel verteilt.

Quelle: Eurostat Datenbank, eigene Darstellung

Das Ergebnis ist für die Prediger der freien Marktwirtschaft niederschmetternd: Ausnahmslos alle Regionen Ostdeutschlands befinden sich noch im Jahr 2010 am Schluss der Rangliste der Wirtschaftskraft in der Bundesrepublik. Lediglich die Region Lüneburg, eine typische Region mit einem hohen Anteil von Arbeitspendlern in die Nachbarregionen Hamburg und Braunschweig/Hannover, befindet sich in der Gruppe der acht unterentwickelten deutschen Regionen.

Bemerkenswert ist das »Schlusslicht« Thüringen – eine Region, die jahrzehntelang eine Spitzenstellung der Hochtechnologie in Deutschland einnahm – Firmen wie Carl-Zeiss Jena oder Maschinenbaubetriebe aus Erfurt lieferten ihre Erzeugnisse in die gesamte Welt. Jetzt ist Thüringen, gemessen am Bruttoinlandsprodukt je Einwohner, das »Armenhaus« der Bundesrepublik. Ein etwa gleiches Niveau an Wirtschaftskraft hat 2010 die italienische Insel Sardinien.[28]

Beachtenswert in diesem Zusammenhang ist die wirtschaftliche Stellung der deutschen Hauptstadt Berlin. Im Gegensatz zu allen europäischen Hauptstädten führt die deutsche Hauptstadt nicht die Rangliste der wirtschaftsstarken Regionen an, sondern befindet sich im unteren Mittelfeld aller deutschen Regionen. Paris, London, Wien, Warschau, Rom sind wirtschaftliche Kraftzentren ihrer Länder, Berlin ist es nicht.

Es gibt noch weitere Indizien für ein geringes Wirtschaftspotential in den neuen Bundesländern. In der Liste der 100 umsatzstärksten Unternehmen der Bundesrepublik im Jahr 2010 befinden sich nur vier Unternehmen in Berlin.

Die Deutsche Bahn AG auf Platz 19 dieser Liste hat ihren Hauptsitz auf Drängen der Bundesregierung vor einigen Jahren von Frankfurt/Main nach Berlin verlegt. Der schwedische Staatskonzern Vattenfall auf Platz 35 hat seine deutsche Niederlassung in Berlin, es folgen weitere internationale Unternehmen wie Total Deutschland (Platz 50) und die russische Niederlassung Gazprom Germania, ebenfalls Berlin.

---

28 Quelle: Eurostat Regionaldatenbank

Mit einer solcherart niedrigeren Wirtschaftskraft kann die deutsche Hauptstadt im Gegensatz zur Vorkriegszeit nur geringe Wachstumsimpulse auf die umliegenden Nachbarregionen wie Brandenburg abgeben.

In den neuen Bundesländern befindet sich von den 100 umsatzstärksten Unternehmen der Bundesrepublik nur noch eine Verteilungszentrale in Leipzig, das Unternehmen Verbundnetz Gas mit 50 Mitarbeitern. Alle anderen großen Unternehmen der Bundesrepublik befinden sich außerhalb der neuen Bundesländer und der Hauptstadt Berlin. Ein nicht unbeträchtlicher Teil des Personals der Bundesregierung arbeitet weiterhin in Bonn, dem ehemaligen Regierungssitz der Bundesrepublik.

Das Dilemma spiegelt sich in der Entwicklung des Bruttoinlandsprodukts je Einwohner wider. Die Wachstumsraten haben in der Bundesrepublik eine fallende Tendenz. Inzwischen wird ein jährliches Wachstum von 0,4 Prozent als Zeichen von Überlegenheit und Stabilität interpretiert. Unter diesen Bedingungen ist es überraschend, dass es den neuen Bundesländern nicht gelungen ist, bei diesem geringen gesamtdeutschen Anstieg auf das Niveau der alten Bundesländer zu gelangen. Das Gegenteil ist eingetreten: Die Kluft in der Wirtschaftskraft der beiden Landesteile hat sich im letzten Jahrzehnt verfestigt – noch schwerwiegender ist der anhaltend sich wieder stetig vergrößernde absolute Rückstand der Wirtschaftskraft beider Landesteile. Pro Einwohner betrug der Rückstand am produziertem Bruttoinlandsprodukt 2004 in den neuen Bundesländern 10.126 Euro, bis 2013 vergrößerte sich der absolute Rückstand auf 11.806 Euro je Einwohner.

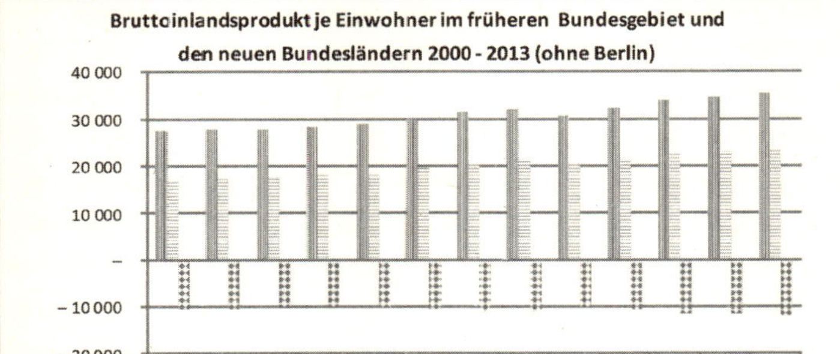

	2001	2002	2003	2004	2005	2006	2007	2008	2009	2010	2011	2012	2013
alte Bundesländer	27 417	27 700	27 853	28 455	28 815	29 979	31 484	32 063	30 742	32 371	33 893	34 558	35 391
neue Bundesländer	16 909	17 403	17 706	18 329	18 587	19 463	20 504	21 018	20 528	21 613	22 435	22 973	23 585
Rückstand	– 10 508	– 10 297	– 10 147	– 10 126	– 10 228	– 10 516	– 10 980	– 11 045	– 10 214	– 10 758	– 11 458	– 11 585	– 11 806

Quelle: Arbeitskreis Volkswirtschaftliche Gesamtrechnung der Länder, eigene Darstellung

Die gescheiterte Theorie der Leuchttürme

Bald nach dem erhofften, aber ausgebliebenen wirtschaftlichen Aufschwung in den neuen Bundesländern wurde in der zweiten Hälfte der 1990er Jahre eine Theorie der »Leuchttürme« aus der Taufe gehoben. Die ausgebliebenen Erfolge im gesamten Gebiet der neuen Bundesländer sollten durch eine gezielte Förderung von zukunftsträchtigen Branchen in einzelnen Gebieten Wachstumspole entstehen lassen, die dann die Nachbarregionen in den erwarteten Aufschwung einbeziehen werden. Verworfen wurde damit das so genannte »Gießkannenprinzip«, mit dem eine vermeintliche, aber auch reale Verschwendung von Fördermitteln einhergegangen war. Es gab eine Vielzahl derartig ausgewählter »Leuchtturmregionen« oder »Wachstumspole«. Am Beispiel der vom Institut für Wirtschaftsforschung Halle herausgegebenen Publikation »Leuchttürme und rote Laternen – Ostdeutsche Wachstumstypen 1996 bis 2005«[29]

29 Alexander Kubis/Mirko Titze/Mathias Brachert: Leuchttürme und rote Laternen – Ostdeutsche Wachstumstypen 1996–2005, in Wirtschaft im Wandel 4/2008, S. 144–153

wird der gegenwärtige Stand der damals ausgewählten »Leuchtturmregionen« vorgestellt.[30]

Auffällig in der Aufstellung des IWH ist die relativ hohe Zahl von »Leuchtturmregionen« in Thüringen. Hier handelt es sich nicht um neuere sprunghafte Entwicklungen. Eisenach (Wartburgkreis) verfügt über eine lange Geschichte im Fahrzeugbau, Jena über Traditionen in der Messtechnik. Ebenso besaß Dresden über Jahrzehnte mit seiner Technischen Universität eine hohe Kompetenz im Maschinenbau, der Elektronik und in der Datenverarbeitungstechnik.

In den ausgewählten Parametern Bruttoinlandsprodukt je Einwohner und Nettoeinkommen je Einwohner, bleiben ausnahmslos alle »Leuchtturm-Regionen« in Ostdeutschland deutlich unter dem Bundesdurchschnitt. Nur dank seiner Lage an der thüringischen Landesgrenze zu Bayern ist die Arbeitslosigkeit im Kreis Sonneberg so niedrig.

---

30 Zu den damals ausgewählten Kreisen gehörte der Ohrekreis in Sachsen-Anhalt. Dieser Kreis ist inzwischen mit anderen Kreisen zusammengelegt worden und fehlt in dieser Aufstellung. Für die damals ausgewählte Stadt Wismar wurde der neugebildete Kreis Nordwestmecklenburg eingesetzt, in dem die Stadt Wismar aufgegangen ist.

Tabelle 1 Wirtschaftsindikatoren von »Leuchtturmregionen« in den neuen Bundesländern

	Bruttoinlandsprodukt je Einwohner 2011 €	Arbeitslosigkeit 2013 Prozent	Nettoeinkommen je Einwohner €
Teltow-Fläming	24.671	7,4	18.539
Sömmerda	17.911	9,0	16.840
Sonneberg	22.623	3,8	18.174
Nordwestmecklenburg	17.934	10,1	16.457
Hildburghausen	19.228	5,4	17.873
Dresden	28.816	8,4	16.957
Jena	31.933	7,2	16.201
Wartburgkreis	21.794	8,8	17.794
Havelland	15.615	8,7	17.624
Gotha	22.086	7,5	16.955
Deutschland	**31.702**	**6,7**	**19.933**

Quelle: Arbeitskreis Volkswirtschaftliche Gesamtrechnung der Länder, BFA

Diese Strategie der Leuchtturmregionen ist inzwischen verpönt. In den jüngsten Berichten zur deutschen Einheit der Bundesregierung wird die Metapher nur noch für den Kulturbereich genutzt.

Die Einkommen der Bevölkerung

Die Lebensverhältnisse in einer modernen Gesellschaft werden vor allem bestimmt durch die Geldmenge, die Netto einer Person zur Verfügung steht. Zu den Nettoeinkommen gehören die Einkünfte aus Arbeit und Vermögen plus alle Sozialleistungen wie Rente, Arbeitslosengeld, Kindergeld, nicht enthalten sind Sozialbeträge und Steuern.

Pro Einwohner standen in der Bundesrepublik im Jahr 2012 **im Durchschnitt**

20.073 Euro (also 1.673 Euro je Monat) zur Verfügung.
davon in
neuen Bundesländern (ohne Berlin) über 17.618 Euro
im früheren Bundesgebiet (ohne Berlin) über 21.225 Euro

Dabei sind die Unterschiede zwischen Westdeutschland mit ca. 3.600 € beträchtlich. Nicht zu übersehen ist, dass sich die Schere der Einkommen im letzten Jahrzehnt nicht verringert, sondern vergrößert hat. Im Jahr 2000 betrug der Abstand nur 2.960 €. Der absolute Rückstand hat sich um etwa ein Fünftel erhöht.

Es existiert gegenwärtig kein Angleichungsprozess in der Bundesrepublik – sondern die Einkommen und damit die Lebensverhältnisse driften auseinander.

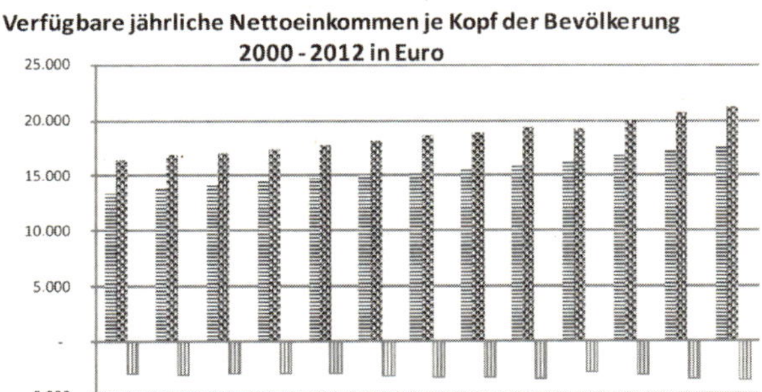

	2000	2001	2002	2003	2004	2005	2006	2007	2008	2009	2010	2011	2012
neue Bundesländer	13.432	13.904	14.137	14.454	14.757	14.918	15.294	15.532	15.959	16.388	16.806	17.297	17.618
früheres Bundesgebiet	16.392	16.958	17.104	17.491	17.796	18.196	18.618	18.920	19.448	19.313	19.961	20.763	21.225
Rückstand	-2.960	-3.054	-2.967	-3.038	-3.038	-3.278	-3.324	-3.388	-3.489	-2.925	-3.156	-3.466	-3.608

Quelle: Arbeitskreis VGR der Länder, eigene Berechnungen

Noch brisanter wird die gespaltene Einkommenssituation deutlich, wenn regional tiefer gegliederte Daten untersucht werden. Dazu eignen sich die vorliegenden Daten der Nettoeinkommen je Einwohner der 406 Landkreise und kreisfreien Städten in der Bundesrepublik, die allerdings nur für das Jahr 2011 vorliegen. In der folgenden Tabelle wurden diese territorialen Einheiten zunächst nach der Höhe der im Jahr 2011 erzielten Pro-Kopf-Nettoeinkommen geordnet, um sie dann in fünf gleich starke Gruppen von jeweils 81 Kreisen und kreisfreien Städten zu untergliedern.

Das Fünftel der Kreise/kreisfreie Städte mit den höchsten Nettojahreseinkommen je Einwohner verfügten im Durchschnitt je Einwohner über jährliche Einkommen von mehr als 21.717 Euro. Den Einwohnern mit den niedrigsten Jahresnettoeinkommen verblieben lediglich Einkommen zwischen 14.842 Euro bis 17.625 Euro je Person.

Kreise und kreisfreie Städte der Bundesrepublik geordnet nach Jahresnettoeinkommen je Einwohner 2011

Jährliche Einkommensgruppen 2011	Anzahl Kreise/Städte	
	insgesamt	dar.: neue Bundesländer
Höchste Gruppe 21.717 € und mehr	81	–
2. höchste 20.377 € – 21.715 €	81	–
3. höchste 19.199 € – 20.371 €	81	2
4. höchste 17.636 € – 19182 €	81	15
Niedrigste Gruppe 14.842 € – 17.625 €	82	60

Quelle: Arbeitskreis Volkswirtschaftliche Gesamtrechnung der Länder, eigene Berechnungen

Unter den 163 Kreisen mit einem Jahreseinkommen von mehr als 20.377 Euro befindet sich keine derartige örtliche Einheit in Ostdeutschland! Lediglich die Stadt Suhl mit einem Jahresnettoeinkommen von 20.076 Euro je Einwohner übertrifft den Bundesdurchschnitt von 19.933 Euro knapp und der Landkreis Potsdam-Mittelmark (Jahreseinkommen netto: 19.201 Euro) gelangt in die mittlere Einkommensgruppe.

Die Bewohner in der Stadt Suhl – einer ehemaligen Bezirksstadt in der DDR mit relativ gut ausgebauten Verkehrsverbindungen – beziehen ihre durchschnittlich höheren Einkommen nicht weil in ihrer Stadt günstige Arbeitsplätze entstanden sind, sondern ihre Einkommen erarbeiten sie in den Nachbarländern Bayern und Hessen. Das hohe Lohngefälle zwischen den Arbeitsorten in Thüringen und diesen Nachbarländern führt zu derartigen Bedingungen.

Ähnliche Verhältnisse treffen für den Landkreis Potsdam-Mittelmark zu, der zu dem so genannten »Speckgürtel« der Hauptstadt gehört.

Hier eine notwendige Einfügung:

Auch im Westen der Bundesrepublik befinden sich Kreise und kreisfreie Städte mit sehr niedrigen Nettoeinkommen je Einwohner. Dazu gehören:

	Nettoeinkommen je Einwohner:
Stadt Gelsenkirchen	16.240 €
Stadt Duisburg	16.376 €
Stadt Hamm	16.614 €
Stadt Herne	16.729 €.

Diese Städte wurden den letzten Jahrzehnten »entindustrialisiert«, ohne einen Ersatz für die verlorenen Arbeitsplätze zu schaffen.

Noch sind es in den alten Bundesländern Einzelfälle, jedoch ähnelt ihre Geschichte der vieler Regionen in den neuen Bundesländern. Offensichtlich gelingt es mit der gegenwärtig praktizierten Wirtschaftspolitik in der Bundesrepublik nicht, derartige Prozesse zu beherrschen und den Grundgesetzauftrag »gleichwertige Lebensverhältnisse in der Bundesrepublik« zu schaffen oder zu erhalten. Für die entindustrialisierten Regionen in den neuen Bundesländern bleibt deshalb wenig Hoffnung, dass sie diesen Prozess der Stagnation beenden und auf einen entsprechenden wirtschaftlichen Aufschwung erwarten können. Die Entwicklung in den angeführten Städten des Ruhrgebiets vermittelt keinen Optimismus.

Notwendig wird in diesem Zusammenhang, die simple Gegenüberstellung zwischen vermeintlich »reichen Westen« und »armen Osten« zu vermeiden. Die »Verarmung« einer Reihe von Regionen im früheren Bundesgebiet ist bereits beschrieben, es bleibt dabei, dass die Spaltung der Einkommen im Westen der Bundesrepublik ausgeprägter als in den neuen Bundesländern ist. Das trifft auch auf das Bundesland Nordrhein-Westfalen zu. In Nachbarschaft der bereits erwähnten Städte mit sehr niedrigen Nettoeinkommen je Einwohner, liegen Landkreise mit sehr hohen Nettoeinkommen je Einwohner, wie der Kreis Olpe auf Platz 11 in der Spitzengruppe der »reichsten« Kreise sowie der Märkische Kreis auf Platz 18 der Rangliste aller Kreise und kreisfreien Städte der Bundesrepublik.

Beklemmend ist noch ein anderes Faktum: Die Kluft zwischen den reicheren und ärmeren Regionen in der Bundesrepublik wird immer größer. Der Abstand zwischen den reichsten Kreisen und kreisfreien Städten und den ärmste Kreisen und kreisfreien Städten hat sich im vergangenen Jahrzehnt stetig erhöht. Die Differenzen erhöhten sich von

14.300 Euro im Jahr 2000 auf
17.300 Euro im Jahr 2011.

Oder anders formuliert: Die reichste Region der Bundesrepublik verfügte in diesem Zeitabschnitt einen Zuwachs von etwa 6.000 Euro, die ärmste Region nur 2.500 Euro.

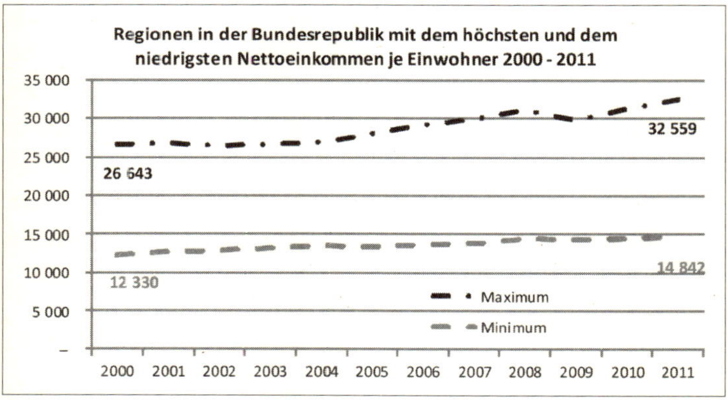

Quelle: Arbeitskreis VGR der Länder, eigene Berechnungen

Das bestätigen auch Experten aus dem Paritätischen Gesamtverband:

»Die aktuellen Befunde des aktuellen Armutsberichts geben Anlass zu tiefer Sorge. Die Kluft zwischen Wohlstandsregionen auf der einen Seite und Armutsregionen auf der anderen Seite wächst stetig und deutlich. Die sozialen und regionalen Fliehkräfte, gemessen an der Einkommensspreizung, nehmen seit 2006 dramatisch zu. Kurzum: Deutschland steht vor der Zerreißprobe.«[31]

Wo bleibt das deutsche Beschäftigungswunder?

Ausschlaggebend für die Entwicklung von stabilen und wachsenden Einkommen der Bevölkerung ist zunächst ein hoher Beschäftigungsgrad mit auskömmlichen Löhnen. In den letzten Jahren wird unentwegt das neue Beschäftigungswunder in der Bundesrepublik gepriesen. Jahr für Jahr, sogar Monat für Monat werden neue Beschäftigungsrekorde vermeldet. Ein Blick in die Tagespresse vermittelt diesen Eindruck.

»Bundeswirtschaftsminister Sigmar Gabriel (SPD) erwartet für dieses Jahr einen neuen Beschäftigungsrekord. Im ersten Jahreswirtschaftsbericht unter der Ägide Gabriels würden für 2014 rund 42,1 Millionen Erwerbstätige erwartet. Dies sei ein Plus von 240.000 Erwerbstätigen. Mit durchschnittlich 41,8 Millionen Beschäftigten hatte es bereits 2013 das siebte Jahr in Folge einen neuen Höchststand gegeben«, schreibt »Die Zeit« Anfang April 2014.[32]

Einem Wirtschaftsminister müsste von seinen Beratern zu etwas mehr Vorsicht bei der Repräsentation derartiger Angaben geraten werden.

31 Blätter für deutsche und internationale Politik: Heft 3/2014, Seite 104

32 »Die Zeit«, 12.4.2014

1. Ein Wirtschaftsminister müsste wissen, wer als Erwerbstätiger gezählt wird. Die gängige Definition (siehe Kasten) ist sehr großzügig in seiner Auslegung. Ein nicht registrierter Arbeitsloser, der einige Stunden in der Woche leere Flaschen in Parks und auf der Straße sammelt und sie anschließend veräußert, kann ebenso als erwerbstätig definiert werden, wie ein Besitzer eines großen Geldvermögens, er muss lediglich mehrere Stunden in der Woche seine Kontoauszüge kontrollieren.
2. Die Angaben auf die sich der Minister stützt, sind durch die Ergebnisse des Zensus 2011 überholt. Nach diesem Zensus wurde nicht nur die Bevölkerungszahl der Bundesrepublik um etwa 1,5 Millionen Personen verringert, sondern auch die Zahl der Erwerbstätigen. Der Zensus registrierte im Mai 2011 anstelle der bisher ausgewiesenen 41,1 Millionen Erwerbstätige Inländer nur noch 39.985.940 erwerbstätige Personen, eine Differenz von 1,1 Millionen Personen! Die seit 2008 bejubelte Zahl von mehr als 40 Millionen Erwerbstätigen hat sich nach einer gründlichen Bestandsaufnahme als ein Phantom herausgestellt.
3. Die großzügige Definition von Erwerbstätigkeit führte bereits zu einer neuen Sichtweise. Im letzten Jahrzehnt entstand der Begriff der prekär Beschäftigten, dazu gehören u.a. befristet Beschäftigte, Teilzeitbeschäftigte, geringfügig-Beschäftigte, Zeitarbeitnehmer. Außerdem müssten die etwa eine halbe Million »Soloselbständigen« mit einem Nettomonatseinkommen bis zu 1.000 Euro (netto) dazu zählen.

Zu den Erwerbstätigen in den Volkswirtschaftlichen Gesamtrechnungen (VGR) zählen gemäß dem Europäischen System Volkswirtschaftlicher Gesamtrechnungen (ESVG) alle Personen, die als Arbeitnehmer (Arbeiter, Angestellte, Beamte, geringfügig Beschäftigte, Soldaten) oder als Selbstständige beziehungsweise als mithelfende Familienangehörige eine auf wirtschaftlichen Erwerb gerichtete Tätigkeit ausüben beziehungsweise in einem Arbeits- oder Dienstverhältnis stehen. Die Zuordnung zu den Erwerbstätigen erfolgt dabei unabhängig von der Dauer der tatsächlich geleisteten oder vertragsmäßig zu leistenden Arbeitszeit. Auch ist nicht von Bedeutung, ob aus der Erwerbstätigkeit der überwiegende Lebensunterhalt bestritten wird. Personen mit mehreren gleichzeitigen Beschäftigungsverhältnissen werden nur einmal mit ihrer Haupterwerbstätigkeit erfasst (Personenkonzept).

Wenn die Beschäftigung in der Bundesrepublik in den letzten Jahren kontinuierlich gestiegen wäre, wie unentwegt behauptet wird, hätte sich ebenso kontinuierlich die Zahl der geleisteten Arbeitsstunden erhöhen müssen. Das ist nicht eingetreten. In den alten Bundesländern stagnierte die Zahl der geleisteten Arbeitsstunden im letzten Jahrzehnt, in den neuen Bundesländern ist sie sogar kontinuierlich zurückgegangen. Dabei muss noch berücksichtigt werden, dass die Zahl der geleisteten Arbeitsstunden im Jahr auch wesentlich von der Zahl der Arbeitstage abhängig ist. Dadurch bedingt sind Schwankungen zwischen –2 und +2 Prozent normal und nicht immer konjunkturell bestimmt.

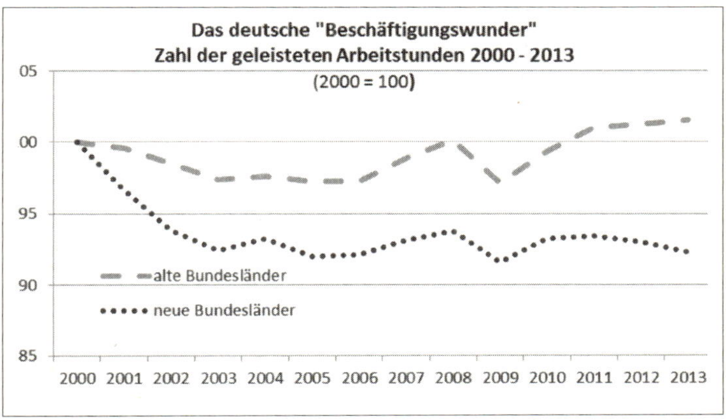

Quelle: Statistisches Bundesamt, Volkswirtschaftliche Gesamtrechnung, eigene Berechnungen

Innerhalb eines Jahrzehnts ist in den alten Bundesländern das geleistete Arbeitsvolumen um 1,6 Prozent gestiegen, in den neuen Bundesländern ist es um etwa acht Prozent gesunken!

Aber selbst bei den zu hoch ausgewiesenen Daten zur Beschäftigung ist nicht zu übersehen, dass die neuen Bundesländer vom Beschäftigungsaufschwung nicht partizipierten. Im Gegenteil, selbst nach den veralteten Daten zur Beschäftigung in der Bundesrepublik ist nicht zu übersehen, dass auch hier wie bei anderen wirtschaftlichen Tatbeständen die neuen Bundesländer das »Stiefkind« der Entwicklung blieben.

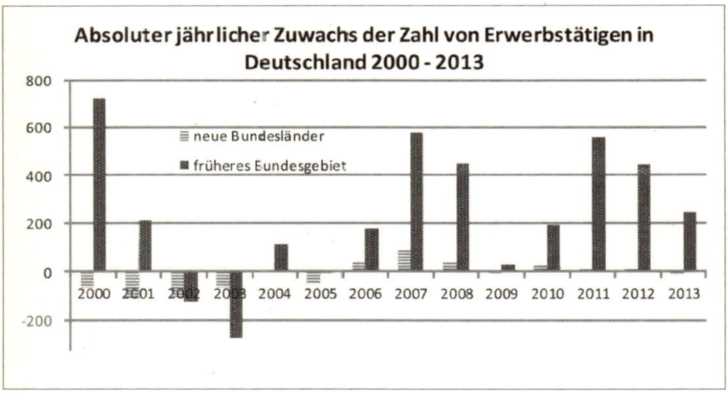

Quelle: Statistisches Bundesamt, Volkswirtschaftliche Gesamtrechnung, eigene Berechnungen

Wenn neue Arbeitsplätze in der Bundesrepublik entstanden sind, dann wurden bei ihrer regionalen Verteilung die neuen Bundesländer deutlich vernachlässigt.

Die Fakten des letzten Jahrzehnts widerlegen eindrucksvoll die lange Zeit gepflegte Mär, die Löhne in Ostdeutschland wären zu hoch, deshalb könnten hier keine neuen Arbeitsplätze für Arbeitnehmer entstehen. Die Praxis zeigt: Es ist umgekehrt, neue Arbeitnehmerplätze entstanden im zurückliegenden Jahrzehnt vor Allem in den »Hochlohnregionen« Bayern und Baden-Württemberg. Dagegen schrumpften die Zahl der Arbeitnehmerplätze im Zeitraum 2000 bis 2013 in

Mecklenburg-Vorpommern um	7,5 Prozent,
Sachsen-Anhalt um	6,8 Prozent,
Thüringen um	5,3 Prozent,
Brandenburg um	3,5 Prozent und
Sachsen um	2,0 Prozent.

Lediglich in der Hauptstadt Berlin stieg die Zahl der Arbeitnehmer in diesem Zeitraum um acht Prozent und lag damit etwa im Trend der alten Bundesländer von 7,3 Prozent!

Die vermeintliche Dynamik der Beschäftigung wurde vor allem von der Ausweitung der so genannten »prekären Beschäftigung« getragen.

Zwischen 2000 und 2012 sind in der gesamten Bundesrepublik knapp zwei Millionen existenzsichernder Vollzeitarbeitsplätze verschwunden. Dafür entstanden atypische, vielfach prekäre Jobs in großer Zahl:

- 570.000 Leiharbeitsplätze
- 2,4 Millionen Teilzeitarbeitsplätze
- 630.000 geringfügige Beschäftigungsverhältnisse
- 140.000 Ein-Euro-Jobs.

Auch die Zahl der Selbstständigen hat um 550.000 zugenommen. Dieser Anstieg kommt allerdings durch die »Solo-Selbständigen« zustande, die keine weiteren Beschäftigten haben und von denen rund 25 Prozent mit einem monatlichen Bruttoeinkommen von 1.550 Euro (<1.000 Euro netto) oder weniger auskommen müssen.[33]

Die Ausweitung der prekären Beschäftigung war in den neuen Bundesländern besonders ausgeprägt. Der Anteil prekärer Beschäftigung ist von 12 Prozent im Jahr 1991 in den neuen Bundesländern auf 21 Prozent im Jahr 2012 gestiegen.

---

33 Vgl.: Memorandum 2014 »Kein Aufbruch – Wirtschaftspolitik auf alten Pfaden, S. 57

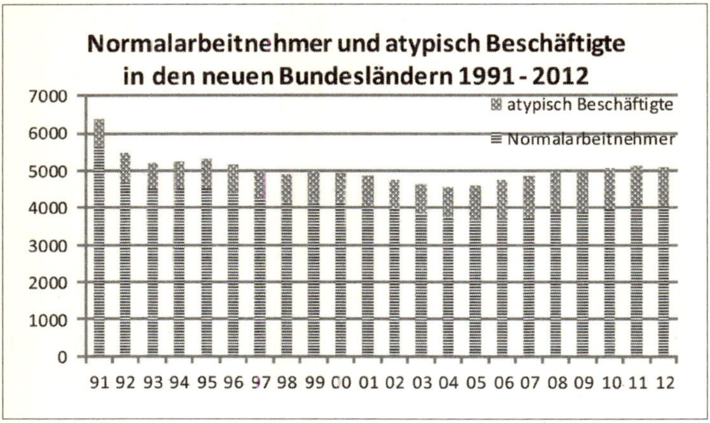

Diese Entwicklung blieb nicht folgenlos für die Lohnentwicklung.

Zunächst stiegen die Durchschnittslöhne etwa bis zum Jahr 2000 in den neuen Bundesländern schneller als die im früheren Bundesgebiet. Mit der »Agenda 2010« der rotgrünen Bundesregierung wurde diese Entwicklung abgebrochen.

Der absolute Zuwachs im Zeitraum der durchschnittlichen monatlichen Bruttolöhne im Zeitraum 2000 bis 2012 betrug im

- früheren Bundesgebiet 417 Euro
- in den neuen Bundesländern lediglich 376 Euro.

Diese Entwicklung wurde einmalig im Krisenjahr 2009, als besonders im früheren Bundesgebiet durch die verstärkte Nutzung des Instruments der Kurzarbeit zu Lohneinbußen der Arbeitnehmer kam, unterbrochen.

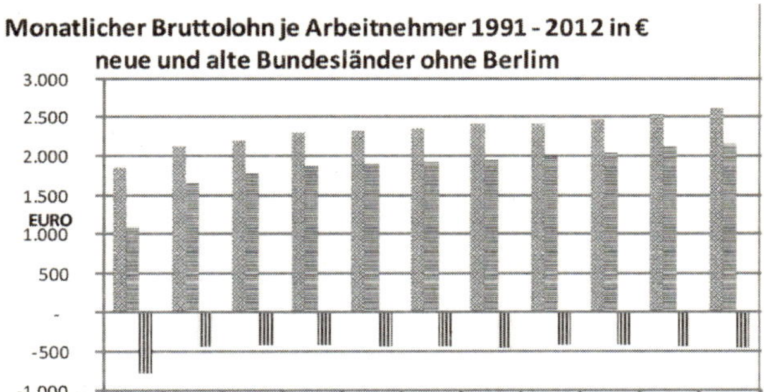

	1991	1995	2000	2005	2006	2007	2008	2009	2010	2011	2012
alte Bundesländer	1.849	2.110	2.192	2.304	2.324	2.357	2.410	2.404	2.459	2.539	2.609
neue Bundesländer	1.077	1.669	1.781	1.880	1.892	1.913	1.960	1.989	2.037	2.110	2.157
Rückstand	-772	-441	-411	-424	-432	-443	-450	-415	-422	-429	-451

So ist der absolute Rückstand bei den Bruttolöhnen stetig gewachsen, obwohl prozentual die Steigerung der Bruttolöhne in den Jahren 2000 bis 2012 etwas höher war als die der im früheren Bundesgebiet. (neue Bundesländer: Zuwachs 21 Prozent, früheres Bundesgebiet: 19 Prozent). Da die Verbraucherpreise im gleichem Zeitraum um 23 Prozent in der Bundesrepublik gestiegen sind, sind die Reallöhne weder im Westen noch im Osten der Bundesrepublik angewachsen, obwohl die Produktivität in Deutschland West und Deutschland Ost nicht unerheblich zugenommen hat. Die Lohn- und Gehaltsempfänger in der Bundesrepublik blieben unabhängig vom Arbeits- oder Wohnort unbeteiligt an den Früchten des wirtschaftlichen Aufschwungs des letzten Jahrzehnts.

Das Deutsche Institut für Wirtschaftsforschung Berlin hat zur Lohnproblematik in Ostdeutschland vor einigen Jahren nach gründlichen Recherchen festgestellt: »Die empirischen Ergebnisse zu den Lohnkostenniveaus im Unternehmensbereich in Ost- und Westdeutschland lassen aber nicht den Schluss zu, die ostdeutschen Löhne seien generell zu hoch. Auf der Ebene von Betrieben zeigen die vorliegenden Informationen ein sehr differenziertes Bild: Arbeitsplätze entstanden im Vergleich zu Westdeutschland nicht überdurchschnittlich in den Bereichen, wo die Lohndifferenz besonders groß ist, sondern bei den kleineren Betrieben, die eher ähnlich entlohnen wie die westdeutschen Vergleichsbetriebe.«

»Der Versuch, durch eine wieder weitere Öffnung der Lohnschere zwischen Ost- und Westdeutschland die besonderen Wettbewerbs- und Beschäftigungsprobleme Ostdeutschlands zu lösen, erscheint angesichts der auf einzelbetrieblicher Ebene vorgelegten empirischen Ergebnisse wenig Erfolg versprechend«[34]

Lohnerhöhungen sollen ökonomisch gerechtfertigt und nicht nach Wünschen erfolgen, denn maßlose Lohnerhöhungen verursachen Inflation und Arbeitslosigkeit. Schranken für eine derartige Fehlentwicklung werden gesetzt, wenn zunächst die Durchschnittslöhne aller Beschäftigten nicht schneller steigen als die von ihnen gesteigerte Arbeitsproduktivität. Es werden mehr Güter produziert, die durch entsprechend höhere Löhne auch abgekauft werden kann. Hinzu kommt, dass dabei die Relationen von Löhnen der abhängig Beschäftigten und Gewinnen der Unternehmen stabil bleiben, eine für beide Seiten positive Entwicklung. Das ist die erste Schranke.

Es gibt noch einen weiteren Faktor, der bei einer ökonomisch sinnvollen Lohnpolitik zu berücksichtigen gilt: Die Inflation. Steigen die Preise für die Lebenshaltung, so kann für die gleiche Lohnsumme nur entsprechend weniger gekauft werden, die Absatzmöglichkeiten für die Unternehmen vieler Branchen werden entsprechend verringert. Deshalb ist es ökonomisch sinnvoll, die Lohnentwicklung nicht allein von der Produktivität sondern auch von der Inflationsrate abhängig zu machen. Diese Leitlinien hatten sich in der alten Bundesrepublik bis in die 1980er Jahre bewährt.

34 DIW: Wochenbericht vom 13.7.2005.

Hier eine kleine methodische Anmerkung: Eine realistische Produktivitätsberechnung mit Daten der Volkswirtschaftliche Gesamtrechnung ist lediglich für das Produzierende Gewerbe sinnvoll, da für die anderen Bereiche keine belastbaren Produktivitätsdaten beispielsweise für Lehrer, Wohnungsvermieter, Bankangestellte vorliegen. Deshalb wird die folgende Rechnung lediglich für das Produzierende Gewerbe gemacht:

Im Zeitraum 2000–2013 stiegen in den neuen Bundesländern

die Arbeitsproduktivität	32 Prozent
der Verbraucherpreise stiegen um	23 Prozent.

Bei einer derartigen Produktivitäts- und Preisentwicklung wären Lohnsteigerungen von etwa 55 Prozent ökonomisch gerechtfertigt gewesen.

Dieser potentielle Spielraum für angemessene Lohnzuwächse wurde nur zu einem Bruchteil ausgenutzt, die durchschnittlichen Löhne im Produzierenden Gewerbe stiegen lediglich um 33 Prozent! Damit haben sich die Rentabilitätsbedingungen der Unternehmen wesentlich verbessert.

In diesem Zusammenhang ist ein Vergleich mit der Entwicklung im früheren Bundesgebiet aufschlussreich. Im Produzierenden Gewerbe in diesem Landesteil stiegen im gleichen Zeitraum 2000 bis 2013 die

• Durchschnittslöhne im Produzierenden Gewerbe um	30 Prozent
• die Arbeitsproduktivität	23 Prozent
• der Verbraucherpreise stiegen um	23 Prozent.

Der verteilungsneutrale Spielraum von 46 Prozent Lohnerhöhung wurde ebenfalls nur zu einem Bruchteil genutzt. Eine Entwicklung, die sich nach 1991 in den westdeutschen Ländern zum Nachteil der abhängig Beschäftigten zunehmend stabilisierte. In Folge dessen sind die Unternehmensgewinne weit schneller angestiegen als die Brutto- und Nettolöhne. Bei einer derartigen »Lohnzurückhaltung« hätte nach den Dogmen der gegenwärtig praktizierten radikalen Marktwirtschaft die Nachfrage nach Arbeitskräften signifikant steigen und so die Arbeitslosigkeit deutlich verringert, wenn nicht ganz beseitigt werden können. Altbundeskanzler Schmidt hatte bei seinem Amtsantritt 1974 seine wirtschaftspolitische Wende mit der Behauptung begründet, dass die Gewinne der Unternehmen von heute, die Investitionen von morgen und dann die Arbeitsplätze von übermorgen wären. Diese Annahme blieb ein frommer Wunsch. Zwar ist nach den offiziellen Verlautbarungen die Arbeitslosigkeit in den letzten Jahren kontinuierlich gesunken. An Stelle von 4,9 Millionen Arbeitslosen im Jahr 2005, darunter 1,6 Millionen in den neuen Bundesländern, gibt es Ende 2013 in der gesamten Bundesrepublik nur noch 2,9 Millionen Arbeitslose, in den neuen Bundesländern nur noch etwas mehr als 800.000 Arbeitslose.

Leider sind die amtlichen Verlautbarungen über Arbeitslosenzahlen wenig glaubwürdig. (Siehe Kasten).

Erstens wurden die Definition »Wer ist arbeitslos« seit Beginn der 1990er Jahre ständig mit dem Ziel korrigiert, die absolute Zahl der Arbeitslosen zu verringern.

Seit der Hartz-IV-Reform werden als arbeitslos nur diejenigen Personen erfasst, die zwar arbeitswillig und arbeitsfähig und bei der Bundesagentur für Arbeit als »arbeitslos« gemeldet ist. Kranke Personen ohne Job sind demnach nicht mehr arbeitslos, ebenso die Personen, die sich kurzfristig in einer Beschäftigungsmaßnahme befinden. Ebenfalls werden im Gegensatz zu früher Personen, die älter als 58 Jahre sind und kein Arbeitsangebot erhalten haben, nicht mehr zu den Arbeitslosen gezählt.

Um die Quote der Arbeitslosigkeit zu verringern, wird neuerdings als Bezugsbasis nicht mehr die Zahl der »abhängig Beschäftigten« sondern alle Erwerbspersonen (also einschließlich aller Selbständigen und mithelfende Familien-

angehörige) gewählt, obwohl in der Regel dieser Personenkreis nicht in die registrierte Arbeitslosigkeit gelangen können. Ebenfalls sind alle Beamten, die ebenfalls nicht in Arbeitslosigkeit geraten können, in die Bezugsgröße der Arbeitslosenquote einbezogen und verringern so das Ausmaß der tatsächlichen Arbeitslosigkeit.

Wenn auch durch derartige Tricks die Zahl der Arbeitslosen in der Bundesrepublik geschönt wurde, nach den jüngsten Meldungen von Ende April 2014 gibt es immer noch 2.943.000 registrierte Arbeitslose. In den letzten Monaten nimmt der amtliche Optimismus zum Abbau der Arbeitslosigkeit ungebrochen zu. Hier die Fakten: Innerhalb von zwölf Monaten verringerte sich die absolute Zahl der Arbeitslosen in der Bundesrepublik um 77.000 Personen. Bei einem derartigen Tempo der Verringerung der jährlichen Arbeitslosenzahl wie im laufenden Jahr 2014 würde es noch 38 Jahre dauern, bis die Arbeitslosigkeit in der Bundesrepublik endgültig beseitigt wäre! Massenarbeitslosigkeit in Millionenhöhe war und bleibt in der Bundesrepublik Norm.

Auf öffentlichen Druck hat die Bundesagentur für Arbeit sich entschlossen, seit einigen Monaten die Zahl der *Unterbeschäftigten* auszuweisen. Sie hat Kenntnis genommen, dass die gesetzlich definierte Arbeitslosigkeit in der öffentlichen Wahrnehmung nur teilweise abgebildet wird. Um nun mehr Transparenz bemüht, veröffentlicht die Bundesagentur für Arbeit im Rahmen ihrer Statistiken und der Arbeitsmarktberichterstattung monatlich zusätzlich zur Zahl der Arbeitslosen auch Daten zur so genannten »Unterbeschäftigung« in Deutschland. Diese enthält neben den registrierten Arbeitslosen auch Personen, die an bestimmten – aber nicht pauschal allen – Maßnahmen der Arbeitsmarktpolitik teilnehmen oder einen rechtlichen Sonderstatus aufweisen.

Fast vier Millionen Personen in der Bundesrepublik galten im Jahr 2013 als unterbeschäftigt. Mehr als ein Viertel davon lebten in den neuen Bundesländern, ein überproportional hoher Anteil. Der vermeintliche wirtschaftliche Aufschwung der letzten Jahre in der Bundesrepublik hat nur geringfügig die Unterbeschäftigung in der Bundesrepublik verringert. Es ist daher absehbar, dass bei einem derartigen Tempo des Abbaus von Unterbeschäftigung in den nächsten Jahren weiterhin diese schwere soziale Last für die gesamte deutsche Gesellschaft erhalten bleibt. Auch diese Daten spiegeln das Dilemma der wirtschaftlichen und sozialen Spaltung in der Bundesrepublik wider. Fast ein Drittel aller von Unterbeschäftigung betroffenen Personen im Jahr 2013 leben in den neuen Bundesländern. (1.180.000 in den neuen Bundesländern, 3.901.000 in der gesamten Bundesrepublik).

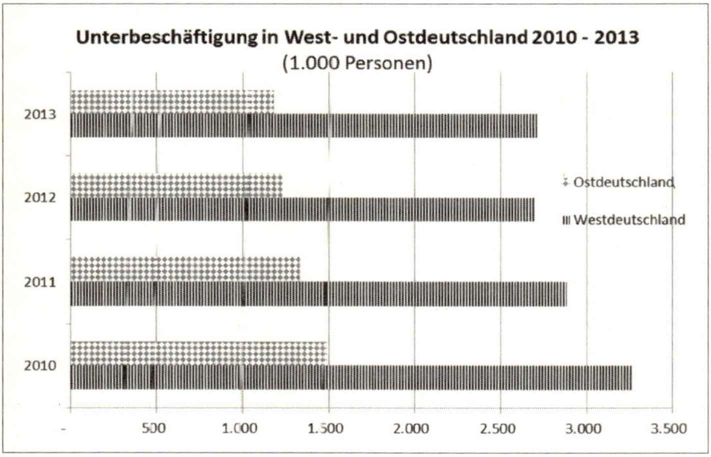

Quelle: Bundesagentur für Arbeit

Gleicher Lohn für gleiche Arbeit – in den neuen Bundesländern eine Fiktion

Die Höhe von Löhnen und Gehältern abhängig Beschäftigter sind von vielen Faktoren abhängig. Deshalb bewegt man sich quasi in einem Drahtverhau, wenn mit Löhnen und Gehältern einfache Vergleiche, wie vielerorts geschehen, vorgenommen werden. Die Länge der Arbeitszeiten, die ausgeübte Tätigkeit, die Qualifikation der Beschäftigten sind bei Lohnvergleichen stets mit zu berücksichtigen. Hinzu kommt in Deutschland, dass Frauen oft geringer entlohnt werden als Männer für die gleiche Tätigkeit.

Seit einigen Jahren gibt es eine Lohnstatistik, die versucht, diese Faktoren der Entlohnung getrennt zu erfassen. Aufschlussreich bleibt die Feststellung, dass auch im Jahr 2013, fast ein Vierteljahrhundert nach dem Beitritt der DDR zur Bundesrepublik, eine Mauer in der Entlohnung der abhängig Beschäftigten unübersehbar ist. Sie gilt für beide Geschlechter. In der folgenden Darstellung werden die Lohndifferenzen nach Männer und Frauen differenziert.

Vollzeitbeschäftigte *Männer* erhalten einen Bruttojahresverdienst einschließlich aller Sonderzahlungen in den Ländern des früheren Bundesgebietes in Höhe von

50.430 Euro,

Männer in den neuen Bundesländern lediglich

35.089 Euro,

das entspricht ca. 70 Prozent des Niveaus der Entlohnung im früheren Bundesgebiet.

Diese Differenz ist zwei Faktoren geschuldet:

Einerseits gibt es in Westdeutschland einen höheren Anteil an besser bezahlten Arbeitsplätzen. Die jetzt praktizierte Lohnstatistik unterscheidet fünf Tätigkeitsmerkmale:

- in leitender Stellung
- herausgehobene Fachkräfte
- Fachangestellte
- Angelernte und
- Ungelernte.

In den neuen Bundesländern sind weniger als ein Drittel aller männlichen Beschäftigten in die beiden oberen Gehaltsstufen eingeordnet, im früheren Bundesgebiet sind es dagegen deutlich mehr: nämlich 38 Prozent. Der Anteil Angelernter und Ungelernter Beschäftigten dagegen ist in beiden Landesteilen mit einem Fünftel nahezu gleich hoch.

Bemerkenswert bleibt, dass besonders große Differenzen bei der Entlohnung bei den höher Qualifizierten existieren. Vollzeitbeschäftigte *Männer* in der höchsten Qualifikationsstufe – den Beschäftigten in leitender Stellung – erhalten in den neuen Bundesländern gemessen an ihren gesamten Jahresgehältern einschließlich aller Sonderzahlungen fast 21.000 Euro – also monatlich etwa 1.750 Euro weniger als der vergleichbare Kollege im früheren Bundesgebiet. In derartigen Verhältnissen entsteht ein unübersehbarer Sog der Fluktuation für Hochqualifizierte aus den neuen Bundesländern, in eine Arbeitsstelle im »Westen« zu wechseln. Diese Differenz ist um ein vielfaches höher als bei den weniger Qualifizierten wie dem ungelernten Personal. Hier beträgt die absolute Differenz bei den Jahreseinkommen nur 5.000 Euro im Jahr.

Der zweite Faktor der Unterbezahlung ist die im Vergleich zu Westdeutschland ungünstigere Beschäftigungsstruktur in den neuen Bundesländern. Während im früheren Bundesgebiet 38 Prozent aller männlichen Beschäftigten nach den beiden oberen Leistungsgruppen entlohnt werden, sind es in den neuen Bundesländern nur 28 Prozent aller männlichen Beschäftigten. Das beeinflusst das niedrigere allgemeine Lohnniveau in den neuen Bundesländern in einer spürbaren Größenordnung.

Bruttojahresverdienste von vollzeitbeschäftigten Männern in den neuen Bundesländern und im früheren Bundesgebiet 2013

Leistungsgruppe	Vollzeitbeschäftigte Männer				
	früheres Bundesgebiet		neue Bundesländer ohne Berlin		Differenz €
	Anteile Prozent	Brutto-jahresver-dienst €	Anteile Prozent	Brutto-jahresver-dienst €	
In leitender Stellung	14,0	92.898	9,7	72.008	−20.890
herausgehobene Fachkräfte	24,4	58.320	18,5	43.865	−14.455
Fachangestellte	41,9	40.548	51,8	29.229	−11.319
Angelernte	14,1	33.222	15,3	24.849	−8.373
Ungelernte	5,6	27.010	4,7	21.988	−5.022
Zusammen	**100**	**50.430**	**100**	**35.089**	**−15.341**

Quelle: Statistisches Bundesamt, Fachserie 16

Frauen sind in den neuen Bundesländern bei der Entlohnung doppelt benachteiligt:

Einerseits als Bürgerin in den neuen Bundesländern und andererseits als Frauen, die selbst bei gleicher Qualifikation geringere Löhne und Gehälter beziehen als ihre männlichen Kollegen.

Im Jahr 2013 erhielten vollzeitbeschäftigte Frauen in den neuen Bundesländern eine jährliche Entlohnung einschließlich aller Sonderzahlungen von rund 33.000 Euro – das sind 7.200 Euro weniger als ihre Kolleginnen im Westen der Bundesrepublik. Der Lohnabstand zwischen West und Ost ist nicht so stark ausgeprägt wie bei den männlichen Arbeitern und Angestellten.

Bemerkenswert ist im Gegensatz zu Männern, dass die Besetzung der Qualifikationsstufen bei Frauen in beiden Landesteilen nahezu identisch ist. Neun Prozent der Frauen haben die höchste Qualifikationsstufe sowohl in West- als auch in

Ostdeutschland erreicht. Das ist bedeutend geringer als bei den Männern. Dieser Tatbestand kann aber auch so interpretiert werden: Die Strukturen bei der Besetzung der Qualifikationsstufen und der Entlohnung von Frauen im Osten der Bundesrepublik werden sukzessive im Westteil übernommen.

Bruttojahresverdienste von vollzeitbeschäftigten Frauen in den neuen Bundesländern und im früheren Bundesgebiet 2013

Leistungsgruppe	Vollzeitbeschäftigte Frauen				
	früheres Bundesgebiet		neue Bundesländer ohne Berlin		Differenz €
	Anteile Prozent	Bruttojahresverdienst €	Anteile Prozent	Bruttojahresverdienst €	
In leitender Stellung	9,2	70.260	9,0	57.887	−12.373
herausgehobene Fachkräfte	25,2	48.924	24,3	41.283	−7.641
Fachangestellte	46,5	35.212	49,5	28.518	−6.694
Angelernte	11,8	27.943	12,1	22.053	−5.890
Ungelernte	7,3	24.723	5,1	19.897	−4.826
Zusammen	**100**	**40.267**	**100**	**33.035**	**−7.232**

Quelle: Statistisches Bundesamt, Fachserie 16

Es gibt einen weiteren und entscheidenden Faktor, der Frauen in West und Ost bei der Entlohnung zunehmend benachteiligt: Es ist die *Teilzeitarbeit*, die in vielen Fällen erzwungen wurde, weil keine Vollzeitarbeitsplätze zur Verfügung stehen und weil die erforderlichen Bedingungen nicht vorhanden sind. Das sorgt dafür, dass Frauen keinen Vollzeitjob annehmen können. Trotz aller Beteuerungen der am Ruder befindlichen Regierungsmannschaften sind die dafür erforderlichen Bedingungen in den letzten Jahren nicht oder nur zum Teil erfüllt worden. Im Osten wie im Westen der Bundesrepublik steigt der Anteil teilzeitbeschäftigter Frauen.

Im Vergleich zum Jahr 2007 ist der Anteil teilzeitbeschäftigter Frauen im Jahr 2013 in

Westdeutschland von 36,1 Prozent

auf 40,0 Prozent gestiegen,

in Ostdeutschland von 34,7 Prozent auf 37,8 Prozent.

Im Durchschnitt arbeiten teilzeitbeschäftigte Frauen im früheren Bundesgebiet

24,2 Stunden in der Woche

und erhalten einen Monatslohn (Brutto) von 1.890 Euro,

in den neuen Bundesländern

29,1 Stunden in der Woche und erhalten einen Monatslohn (Brutto) von 1.826 Euro.

Auch hier scheint die »Angleichung der Lebensverhältnisse« in der Bundesrepublik auf dem Gebiet von Frauenbeschäftigung und ihrer Entlohnung auf dem niedrigeren Niveau gelungen.

Die Bundesrepublik vereint – der holprige Start in das Berufsleben der jungen Generation

In den letzten Jahren hat sich in die deutsche Sprache ein neues Wort eingeschlichen: Generationenkonflikt. Anlässe für Generationenkonflikte gab es in der deutschen Geschichte immer wieder - nur diese Bezeichnung nicht. Welche besonderen Probleme hatten in Deutschland die damals 20-Jährigen in den Jahren nach den Weltkriegen 1918 oder 1945? Oder, wie viele Generationen hatten unter den Folgen des 30-jährigen Krieges zu leiden? Waren das keine Generationenkonflikte?

Dabei ist dieser so genannte sich abzeichnende Generationenkonflikt seit mehren Jahrzehnten absehbar und von dieser Gesellschaft selbst geschaffen worden. Die Ursache ist leicht zu ermitteln: vor allem die Geburtenraten sind rapide gesunken.

Die gegenwärtige demografische Entwicklung der Bundesrepublik wird wie ein von der Außenwelt hereingebrochenes Übel behandelt, dem nicht begegnet werden kann. Es fehlt eine tiefere Ursachenanalyse. Als unumstößliche Tatsache wird registriert, Frauen und Männer in Deutschland haben keine Lust auf Kinder und daran könne sich nichts ändern. Sowohl ein Blick in die Nachbarländer als auch ein Blick in die Vergangenheit beweist, dass es unter anderen Bedingungen in entwickelten Industriegesellschaften möglich war und noch ist, das Geburtenniveau zu stabilisieren und einen abrupten Wandel der Bevölkerungsstruktur wie er sich gegenwärtig in Deutschland abzeichnet, wenn nicht zu stoppen oder zumindest zu verringern.

Eine wichtige Bedingung für Familiengründung in jungen Lebensjahren sind ausreichende Einkommen, verbunden mit einer langfristig abgesicherten Perspektive. Im folgenden Abschnitt werden die Einkommen der 20 bis 30-Jährigen in der Bundesrepublik untersucht. Hier gibt es im Vergleich zum vorhergehenden Abschnitt einige Parallelen, aber auch Unterschiede.

Beginnen wir mit dem Einkommen der 20- bis 25-Jährigen. Der überwiegende Teil der Generation der 20- bis 25-Jährigen sowohl in den alten und den neuen Bundesländern verfügen über monatliche Nettoeinkommen, die nur einem Mindeststundenlohn von 8,50 Euro entsprechen also einem monatlichen Nettolohn von etwa 1.100 Euro.

Monatliche Nettoeinkommen von Personen im Alter von 20 bis unter 25 Jahre im Jahr 2012 Anteile in Prozent

	alle Altersgruppen	20 bis unter 25 Jahre	25 bis unter 30 Jahre
Früheres Bundesgebiet	1.300	800	1.300
Neue Bundesländer	1.170	775	1.120
Differenz	−130	−5	−180

Quelle: Statistisches Bundesamt, Mikrozensus, eigene Berechnungen

Die Einkommensunterschiede dieser Altersgruppe zwischen dem Ost- und Westteil der Bundesrepublik sind nicht sehr hoch. Das mittlere Nettoeinkommen (Median) dieser Altersgruppe betrug 2012 in Ostdeutschland etwa 775 Euro, im Westen der Bundesrepublik waren es nur wenig höher: 800 Euro. Es bahnt sich hier inzwischen auch eine Annäherung der »westdeutschen« Einkommen auf das niedrigere ostdeutsche Niveau an. Das bestätigen auch jüngste Untersuchungen des Bremer Instituts für Arbeitsmarktforschung und Jugendberufshilfe (BIAJ) von April 2014. Ihre Auswertung über junge Menschen im Alter von 18–25 Jahren, die in sogenannten SGB II-Bedarfsgemeinschaften leben, ist erschreckend. Acht Prozent der jungen Menschen in diesem Alter sind Empfänger von Hartz IV-Leistungen. In Westdeutschland sind es 7 Prozent, in Ostdeutschland fast doppelt so hoch, nämlich 13,3 Prozent. Allerdings beschränken sich die hohen Anteile nicht allein auf die neuen Bundesländer, sondern nach dem »Spitzenreiter« Berlin folgt bereits die Stadt Bremen. Und auch das: Unterschiede bei der Quote junger Hartz IV-Empfänger zwischen dem »neuen« Bundesland Sachsen und dem Altbundesland Nordrhein-Westfalen sind geringfügig.

Der ***Median*** *(oder Zentralwert) einer Gruppe von Werten ist die Zahl, welche an der mittleren Stelle steht, wenn man die Werte nach ihrer Größe sortiert. Ein Median teilt eine Menge von Werten in zwei Hälften, so dass die Werte in der einen Hälfte kleiner als der Medianwert sind, in der anderen dagegen größer.*

Gegenüber dem arithmetischen Mittel (Durchschnitt) ist er in vielen Fällen aussagekräftiger, da er nicht durch starke Extremwerte auf der einen oder anderen Seite beeinflusst wird.

Nur in gleich verteilten Mengen sind Median und Durchschnitt identisch.

Prozentanteil der Personen im Alter zwischen 18–25 Jahren, die 2013 in SGB II-Bedarfsgemeinschaften leben

Berlin	17,7
Bremen	14,2
Sachsen-Anhalt	14,2
Mecklenburg-Vorpommern	13,8
Brandenburg	12,5
Sachsen	10,7
Hamburg	10,4
Nordrhein-Westfalen	10,3

Quelle: Bremer Instituts für Arbeitsmarktforschung und Jugendberufshilfe (BIAJ)

Ab dem 25. Lebensjahr werden die Unterschiede beim Nettoeinkommen zwischen den neue Bundesländern und dem früheren Bundesgebiet größer, sie verfestigen sich.

Monatliche Nettoeinkommen von Personen im Alter von 25 bis unter 30 Jahre im Jahr 2012 Anteile in Prozent

	früheres Bundesgebiet	neue Bundesländer
unter 500 €	11,6	11,1
500–1.100 €	26,6	41,9
über 1.100 €	61,8	47,1

Quelle: Statistisches Bundesamt, Mikrozensus, eigene Berechnungen

Der Anteil der Personen dieser Altersgruppe in der niedrigsten Einkommensgruppe bis 500 Euro netto monatlich ist in den beiden Landesteilen gleich, betroffen ist immerhin ein Zehntel dieser Altersgruppe. Der Anteil derjenigen Personen, die die Mindestlohngrenze von 8,50 Euro übertreffen, unterscheidet sich doch wesentlich: In den alten Bundesländern haben etwas mehr als 60 Prozent diesen Einkommensbetrag überschritten, in den neuen Bundesländern sind es noch nicht einmal die Hälfte.

Das bestätigen auch die Vergleiche der mittleren Nettoeinkommen 2012 für die einzelnen Altersgruppen:

Mittlere monatliche Nettoeinkommen (Median) 2012 in Euro

	alle Altersgruppen	20 bis unter 25 Jahre	25 bis unter 30 Jahre
Früheres Bundesgebiet	1.300	800	1.300
Neue Bundesländer	1.170	775	1.120
Differenz	−130	−5	−180

Quelle: Statistisches Bundesamt, Mikrozensus, eigene Berechnungen

Eine Ursache für die niedrigen Einkommen ist das zunehmend verspätete Eintreten der jungen Generation in das Berufsleben. So haben die jüngsten Ergebnisse des 2011 durchgeführten Zensus ergeben, dass sowohl in den neuen Bundesländern als auch im früheren Bundesgebiet die Erwerbstätigenquoten der 18- bis 29-Jährigen in beiden Landesteilen sehr niedrig sind. Nur 7 von 10 Personen dieser Altersgruppe sind erwerbstätig. Hinzu kommt, dass Praktikanten und vorübergehend Beschäftigte zu den Erwerbstätigen zählen. Der Anteil der ausgewiesenen Erwerbslosen in dieser Altersgruppe beträgt in den fünf neuen Bundesländern 7,2 Prozent und im früheren Bundesgebiet 4,9 Prozent. Langfristige Vergleiche ergeben, dass diese Relationen schon seit mehreren Jahren sowohl in Ost-, aber auch in Westdeutschland bestehen.

Für die in das Arbeitsleben eintretenden Jahrgänge sind einheitliche aber auch nicht zu geringe Mindestlöhne ein positives Signal, dieses Dilemma mit kleinen Schritten zu beseitigen. Alle Fakten deuten daraufhin, dass die Einkommensunterschiede zwischen dem früheren Bundesgebiet und den neuen Bundesländern mit dem Eintritt in das Berufsleben beginnen und sich später stabilisieren.

Die Ignoranz der herrschenden Elite zu diesen Problemen manifestiert sich in den jüngsten Ausnahmeregelungen für die Einführung eines gesetzlich gesicherten Mindeststundenlohns von 8,50 Euro. Ausgerechnet für junge Leute und Praktikanten wurden Ausnahmen zur Bezahlung eines schon niedrigen Mindestlohns beschlossen. Für die neuen Bundesländer ist so abzusehen, dass höhere Raten der Arbeitslosigkeit, von prekären Beschäftigungsverhältnissen und erzwungener Teilzeitarbeit besonders von Frauen weiter existieren. Der Sog zur Abwanderung junger Menschen aus den neuen Bundesländern in das frühere Bundesgebiet wird sich verstärken, obwohl sich durch den Geburtenausfall in den Jahren 1991–1996 die Masse der potentiellen Abwanderungswilligen in den neuen Bundesländern drastisch verringert hat. Deshalb wiegen die dann zahlenmäßig geringeren Abwanderungen der letzten Jahre umso schwerwiegender für die künftige Altersstruktur in Ostdeutschland.

Der provozierte Geburtenschwund

Die hier geschilderte wirtschaftliche Situation der Generation der 20 bis 30-Jährigen hat zunehmend fatale demografische Folgen. In diesem Alter wird über Zeitpunkt einer Familiengründung und der Geburt des ersten Kindes entschieden. Vor wenigen Jahrzehnten hatten sich in Deutschland und in Mitteleuropa die jungen Leute in diesem Alter bereits für die Geburt eines Kindes entschieden. Inzwischen werden Mütter, die ihr erstes Kind gebären immer älter.

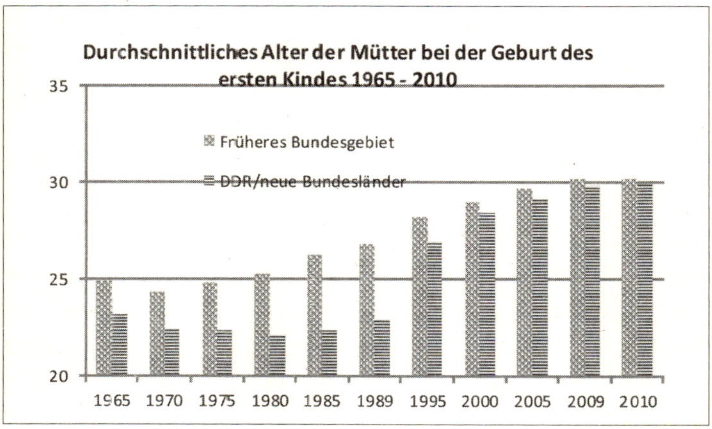

Bis 1989 blieb das durchschnittliche Alter einer Mutter mit Erstgeburt in der DDR deutlich unter 25 Jahre, in der damaligen Bundesrepublik war dieser Durchschnitt mit etwa 27 Jahren etwas höher. Innerhalb eines Jahrfünfts hat sich die Situation in den neuen Bundesländern drastisch verändert: Das Alter der Mütter von Erstgeburten glich sich in diesem kurzen Zeitraum nahezu den westdeutschen Verhältnissen an. Diese Entwicklung kann nicht als ein Beleg für eine optimistische und sorgenfreie Grundhaltung der kommenden Entwicklung der damaligen jungen Generation der 20- bis 30-Jährigen gewertet werden. Geburtenausfälle in dieser Dimension gab es in der deutschen Geschichte lediglich in Kriegs- und Nachkriegszeiten und während der großen Weltwirtschaftskrise 1929–1932.

Geburtenraten ausgewählter Altersgruppen von Frauen im internationalen Vergleich 2008/2009

Land	Allgemeine Geburtenrate aller Frauen im gebärfähigen Alter	Erstgeburten 20 bis 25 Jahre	Erstgeburten 25 bis 30 Jahre
Deutschland	36	42	82
Österreich	37	49	86
Italien	39	33	72
Niederlande	48	38	112
Schweden	53	50	115
Norwegen	55	61	128
Frankreich	55	61	134

Quelle: UN-Statistics Demographic Yearbook, eigene Darstellung

Im Verlauf der beiden letzten Jahrzehnte hat sich das Durchschnittsalter der erstgebärenden Mütter auf etwa 30 Jahre in beiden Landesteilen weiter erhöht. Diese Verzögerungen des Alters erstgebärender Mütter hat fatale Folgen: Die Wahrscheinlichkeit, dass den Erstgeburten ein zweites oder drittes Kind folgt, sinkt beträchtlich. Das bezeugen auch internationale Vergleiche.

Der Zusammenhang von früheren Erstgeburten und der allgemeinen Geburtenfreudigkeit ist unübersehbar. Beispielsweise ist im Nachbarland Frankreich die Zahl von Müttern mit Erstgeburten im Alter zwischen 20 und 29 Jahren deutlich höher als in der Bundesrepublik und damit auch die allgemeine Fruchtbarkeitsrate.

Inzwischen stabilisieren sich die niedrigen allgemeinen Fruchtbarkeitsraten in beiden Landesteilen auf einem sehr geringen Niveau.

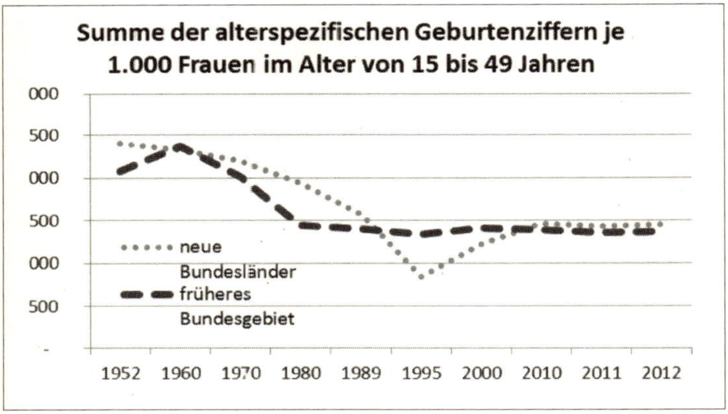

Quelle: Statistisches Bundesamt

Bereits vor einigen Jahrzehnten hat der bekannte Demograph Rainer Geißler von der Universität Siegen die Geburtenentwicklung der beiden deutschen Staaten beschrieben. Er stellte fest, dass es in der DDR in den späten 1970er Jahren einen zweiten Babyboom gab und dass die Fruchtbarkeitsquoten bis 1989 höher lagen als in der Bundesrepublik, obwohl der Lebensstandard niedriger und die Wohnverhältnisse beengter waren; obwohl alle Frauen erwerbstätig und zu weiteren gesellschaftlichen Aktivitäten verpflichtet waren; obwohl 1972 die Schwangerschaftsunterbrechung legalisiert wurde und die Antibabypille kostenlos abgegeben wurde.

Das Heil zur Lösung der sich abzeichnenden schwierigen

demografischen Probleme der Bundesrepublik wird vorrangig in der verstärkten Zuwanderung ausländischer Personen – nach Möglichkeit auch noch besonders qualifiziert – angesehen.

Das ist schon aus drei Gründen nicht vertretbar:

Erstens werden damit Kosten für Erziehung und Ausbildung in der Bundesrepublik gespart, die in den Heimatländern der Immigranten entstanden sind.

Zweitens vergessen die Befürworter einer derartigen Lösung, dass diese Einwanderer auch Eltern besitzen, die sie im Alter zu unterhalten haben, wenn diese altersbedingt aus dem Arbeitsprozess ausgeschieden sind. Diese Immigranten haben in Wahrheit eine doppelte Alterslast zu tragen: Den Unterhalt ihrer Elterngeneration im Heimatland und zusätzlich die so genannte »Altenlast« in ihrer neuen Heimat. Eine derartige Situation ist nicht ausgedacht. Die früheren Bürger der DDR hatten bis in die 1970er Jahre eine hohe Altenlast zu tragen, weil bis 1961 viele junge und gut ausgebildete Fachkräfte die DDR verließen, die Renten ihrer Eltern hatte ausschließlich der in der DDR verbliebene arbeitende Bevölkerungsteil zu tragen.

Drittens wäre eine Zuwanderung jüngerer Personen aus dem Ausland in die neuen Bundesländer kontraproduktiv. Die hier vorhandenen Arbeitsplätze reichen nicht für die Beschäftigung des vorhandenen Arbeitspotentials aus. Eine derartige Zuwanderung in die neuen Bundesländer würde die Probleme der Unterbeschäftigung nur verschärfen, wenn keine durchgreifenden Veränderungen der Arbeitsmarktpolitik ergriffen werden.

Es ist erstaunlich, dass unter diesen Bedingungen nicht eine einfachere und weniger aufwändige Lösung gesucht und praktiziert wird:

- An Stelle über das Eintrittsalter in die Rente zu lamentieren, sollte mit mehr Sorgfalt und Konsequenz über den zügigen Eintritt der jungen Generation in eine ordentlich entlohnte Berufstätigkeit nachgedacht und entsprechende Bedingungen dafür geschaffen werden. Schlecht bezahlte Praktika und zweifelhafte kurzfristige Arbeitsverträge für junge Menschen sind abzuschaffen; die Ausnahmeregelungen für die Zahlung eines gesetzlichen Mindeststundenlohns sind ersatzlos zu streichen.

- Der jetzt heranwachsenden jungen Generation im Kindesalter ist eine hoch qualifizierte Ausbildung zu gewährleisten. Fehlender Nachwuchs wird unentwegt beklagt und das Wort »Fachkräftemangel« hat Hochkonjunktur. Unter diesen Bedingungen wäre anzunehmen, dass die aufwachsende junge Generation mit besonderer Sorgfalt ausgebildet wird.
- Die zur Zeit besonders heftig im früheren Bundesgebiet geführte Diskussion über den Abiturabschluss nach 12 oder 13 Jahren, um so den Eintritt in das Berufsleben noch um ein weiteres Jahr zu verzögern, ist in diesem Zusammenhang befremdlich. Bildung ist mit dem Ablegen des Abiturs nicht abgeschlossen. Das in der Schule erworbene Wissen ist bereits nach wenigen Jahren lückenhaft und muss ständig ergänzt werden, unabhängig davon ob der Schulbesuch 12 oder 13 Jahre andauert.
- Die Qualität der allgemeinen Schulausbildung in den neuen Bundesländern ist katastrophal und bedarf einer gründlichen Überprüfung.

Im Durchschnitt der Bundesrepublik haben im Jahr 2012 5,5 Prozent aller Schulabgänger der allgemeinbildenden Schulen keinen Hauptschulabschluss! Hier die Rangliste der Bundesländer mit den höchsten Quoten von Schulabgänger ohne Abschluss:

Mecklenburg-Vorpommern	12,2 Prozent
Sachsen-Anhalt	11,2 Prozent
Sachsen	9,6 Prozent
Thüringen	7,5 Prozent
Schleswig-Holstein	7,2 Prozent und
Brandenburg	7,1 Prozent!

Quelle: Statistisches Bundesamt, Schulen auf einen Blick, 2014

Es kann doch kein Zufall sein, dass neben allen neuen Bundesländern das relativ wirtschaftsschwache Land Schleswig-Holstein eine derartig negative Bilanz der allgemeinen Schulausbildung aufzuweisen hat. Wie bereits in bereits vorher behandelten Problemen zeigt sich hier: Es gibt auf vielen Gebieten nicht ein Auseinanderdriften in der Bundesrepublik von West und Ost, sondern viele bisher typisch ostdeutsch geprägte Probleme verlagern sich auf Räume des früheren Bundesgebietes.

Dass eine derartige Entwicklung absehbar war, bestätigen internationale Vergleiche zur Unterfinanzierung des deutschen Bildungssystems. Der Datenbank der OECD ist zu entnehmen, dass Deutschland nur 0,5 Prozent des Bruttoinlandsprodukts in Kinderbetreuung investieren im Vergleich zu 2,1 Prozent in Dänemark, 1,7 Prozent in Schweden oder 1,2 Prozent in Frankreich.

Die hier angeführte Bilanz sollte Anlass zum Nachdenken geben:

Erstens über den antiquierten Föderalismus in der Bundesrepublik auf dem Gebiet des Bildungswesens und zweitens über die starke öffentliche Unterfinanzierung des Bildungssystems. Vorschläge zur Überwindung dieses Dilemmas hat seit mehreren Jahren die Arbeitsgruppe Alternative Wirtschaftspolitik geliefert.[35]

35 AG Alternative Wirtschaftspolitik, Memorandum 2013, Kapitel 5

Sind die Rentner Gewinner der Einheit?

»Eindeutige Gewinner der Deutschen Einheit sind die Ost-Rentner, die im Jahr 2007 eine durchschnittliche Monatsrente von 805 Euro erhielten, verglichen mit 693 Euro im Westen. Neben der Angleichung der Rentenversicherungssysteme reflektiert dies insbesondere die unterschiedlichen Erwerbsbiografien und die deutlich höhere Frauenerwerbsquote im Osten.«[36]

Das ist eine der mannigfachen Behauptungen, mit denen der deutschen Allgemeinheit suggeriert wird, Rentner im Osten der Bundesrepublik leben auf Kosten der in Westdeutschland lebenden Bevölkerung.

Vollmundig hatte bereits nach der Bundestagswahl 2009 (!) die schwarzgelbe Koalition versprochen: »Deshalb wollen wir, dass auch diejenigen, die ein Leben lang Vollzeit gearbeitet und vorgesorgt haben, ein Alterseinkommen oberhalb der Grundsicherung erhalten, das bedarfsabhängig und steuerfinanziert ist«, heißt es im Koalitionsvertrag. Bekanntlich blieb es aber bei dem Vorhaben. Der politische Wille fehlte. Im Gegenteil: Es wurden Daten über die wirtschaftliche Lage der älteren Generation in den beiden Landesteilen West und Ostdeutschland verbreitet, die derartige Maßnahmen nicht als dringend erschienen ließen: Behauptet wurde, wie bereits oben zitiert, dass der jetzigen Rentnergeneration in Ostdeutschland 2011 höhere Durchschnittsrenten als den Rentnern in Westdeutschland ausgezahlt wurde.

Diese Schönfärberei setzt sich auch im unlängst veröffentlichten Jahresbericht der Bundesregierung zum Stand der Deutschen Einheit 2013 fort:

»Der im Einigungsvertrag angelegte Anpassungsmechanismus der Renten hat den Rentnerinnen und Rentnern in den neu-

36 Zitiert aus »Die ChemieArbeitgeber« BAVC »20 Jahre Deutsche Einheit: Die Lage ist besser als die Stimmung« ib_1109_Deutsche Einheit.pdf

en Bundesländern über viele Jahre erhebliche Rentenzuwächse gebracht, denn das Verhältnis der verfügbaren Nettostandardrente Ost zur vergleichbaren Westrente lag 1990 noch bei rund 40 Prozent und hat sich seitdem erheblich verbessert. Nach einer anfangs sehr zügigen Lohndynamik in den neuen Ländern hat sich der Angleichungsprozess seit Mitte der 90er Jahre zwar deutlich verlangsamt. Mit der Rentenanpassung zum 1. Juli 2013 stieg der aktuelle Rentenwert (Ost) aber von 24,92 Euro auf 25,74 Euro (+ 3,3 Prozent). Dies bedeutet eine Steigerung von zuletzt rund 89 Prozent auf nunmehr 91,5 Prozent des aktuellen Rentenwerts von 28,14 Euro in den alten Ländern.«[37]

Zwar stiegen in Ostdeutschland die Renten zwischen 2000 und 2010 um etwas mehr als 10 Prozent, unterschlagen wurde im Bericht, dass im gleichen Zeitraum die Lebenshaltungskosten um 22 Prozent stiegen. Das bedeutet für die jetzige Rentnergeneration, dass sich ihre Lebensverhältnisse nicht verbesserten, sondern sie haben sich in einem nicht unbedeutenden Maß verschlechtert. Die »Realrenten« sind in Ostdeutschland faktisch um 9 Prozent gesunken.

Gezahlte monatliche Altersrenten und Verbraucherpreisindex 2000–2012 in den neuen Bundesländern

Jahr	Renten		Preisindex	»Realrente«
	Euro	Entwicklung 2000 = 100	2000 = 100	2000 = 100
2000	767	100	100	100
2005	805	105,0	107,9	97,2
2010	832	108,5	116,8	92,9
2012	851	111,0	121,9	91,0

Quelle: Verband deutscher Rentenversicherungsträger, Statistisches Bundesamt, eigene Berechnungen

37 Jahresbericht der Bundesregierung zum Stand der Deutschen Einheit 2013 S. 12

Es ist bei diesen Fakten schwer zu vermitteln, dass Ostrentner in den letzten Jahren »Gewinner der Einheit« gewesen wären, wenn ihr Lebensstandard in diesem Ausmaß kontinuierlich gesunken ist. Ihre realen Renten waren im Jahr 2012 um neun Prozent geringer als im Jahr 2000.

Vollkommen ausgeblendet wird in dem jüngsten Bericht der Bundesregierung zur deutschen Einheit, dass in den kommenden Jahren in Ostdeutschland sprunghaft die Altersarmut ansteigen wird. Die bisherige Rentnergeneration in den neuen Bundesländern konnte Dank der Politik der Vollbeschäftigung in der DDR mit ihren Erwerbsbiografien für die Altersversorgung gegenüber der gleichen Altersgeneration in Westdeutschland zum Teil eine höhere Rente beziehen. Durch die in den 1990er Jahren einsetzende Massenarbeitslosigkeit und die niedrigeren Löhne in den neuen Bundesländern werden sich ihre Rentenansprüche drastisch verringern. Das betrifft besonders Frauen in den neuen Bundesländern. Künftige Maßnahmen der Bundesregierung diese katastrophale Entwicklung zu begegnen, fehlen im jüngsten Einheitsbericht.

Auch die Ausführungen in der jüngsten Koalitionsvereinbarung der CDU/CSU/SPD-Regierung 2013 bleiben nebulös. Zur Rentenentwicklung in Ostdeutschland heißt es:

»Der Fahrplan zur vollständigen Angleichung, gegebenenfalls mit einem Zwischenschritt, wird in einem Rentenüberleitungsabschlussgesetz festgeschrieben: Zum Ende des Solidarpaktes, also 30 Jahre nach Herstellung der Einheit Deutschlands, wenn die Lohn- und Gehaltsangleichung weiter fortgeschritten sein wird, erfolgt in einem letzten Schritt die vollständige Angleichung der Rentenwerte. Zum 1. Juli 2016 wird geprüft, wie weit sich der Angleichungsprozess bereits vollzogen hat und auf dieser Grundlage entschieden, ob mit Wirkung ab 2017 eine Teilangleichung notwendig ist.«[38]

Dass, wie im Koalitionsvertrag noch nach dreißig Jahren deutsche Einheit über Angleichungen von Löhnen und Renten

38 Koalitionsvertrag 18. Legislaturperiode, S. 74

nachgedacht werden muss, ist kennzeichnend für die bisher praktizierte miserable Wirtschaftspolitik aller bisherigen Bundesregierungen.

Es ist schon als ein kleiner Fortschritt zu werten, dass man sich im jüngsten Bericht zur deutschen Einheit erstmalig von dieser lang gepflegten Legende verabschiedete. Es heißt:

»Die durchschnittlich ausgezahlten Versichertenrenten im Osten liegen sowohl bei den Männern mit rund 1.021 Euro monatlich als auch bei den Frauen mit rund 727 Euro pro Monat über denen im Westen (Stand: 31. Dezember 2012). Die verfügbaren Durchschnittsrenten der Männer sind in Ostdeutschland um rund 4 Prozent höher als im Westen. Die verfügbaren Durchschnittsrenten der Frauen liegen rund 40 Prozent über den Renten der Frauen im Westen. Diese Relation zu Gunsten von Ostdeutschland resultiert vor allem aus den geschlossenen Versicherungsbiografien der Betroffenen. Hinzu kommt, dass in den Renten in den neuen Ländern auch Rentenbestandteile im Zusammenhang mit der Überführung der Zusatz-und Sonderversorgungssysteme der ehemaligen DDR in die gesetzliche Rentenversicherung enthalten sind. Damit erhalten z. B. auch Berufsgruppen mit günstiger Einkommenssituation, die in Westdeutschland berufsständischen Versorgungswerken oder der Beamtenversorgung angehören, Renten aus der gesetzlichen Rentenversicherung, was die statistisch ausgewiesenen Renten Ost höher ausfallen lässt.«[39]

Dabei könnte die Bundesregierung schon seit Jahren auf realistischere Daten zur wirtschaftlichen Lage der älteren Generation zurückgreifen. In Wahrheit ist ihre wirtschaftliche Situation viel differenzierter als es mit den obigen Angaben vermuten kann.

Es gibt einerseits eine Kluft zwischen Männern und Frauen und es gibt eine Kluft zwischen West- und Ostdeutschland. Im

---

39 Jahresbericht der Bundesregierung zum Stand der Deutschen Einheit 2013 S. 13

jährlich durchgeführten Mikrozensus des Statistischen Bundesamtes werden durch eine einprozentige Stichprobe ausnahmslos alle monatlichen Nettoeinkünfte von Personen nach Altersgruppen und Geschlecht nach Einkommensgruppen erfragt. In den offiziellen Publikationen des Statistischen Bundesamtes wurden diese Daten bisher nur für die gesamte Bundesrepublik ausgewiesen. Dankenswerterweise wurden allerdings auf Nachfrage dem Verfasser Daten getrennt für das frühere Bundesgebiet und die neuen Bundesländer einschließlich Berlin übermittelt.

Diese Zahlen, die vollständiger und damit repräsentativer als jene aus der Rentenversicherung sind, vermitteln ein vollkommen entgegen gesetztes Bild über die Einkommen der bundesdeutschen Generation »65 Jahre und mehr«. Um einen realistischen Überblick zu erhalten, wurden die Daten hier nach Geschlechtern getrennt aufbereitet, da die Erwerbsbiografien und damit auch die Altersversorgung von Frauen und Männern sehr unterschiedlich waren.

Diese Daten, in denen das gesamte Nettoeinkommen der über-64-jährigen *Männer* erfasst wurde – inklusive Renten, Pensionen, Einkünften aus Betriebsrenten, aus Vermögen und Vermietungen – beweisen, dass hohe Altersbezüge in den neuen Bundesländern kaum vorhanden sind. Nur 5,9 Prozent der Ost-Männer in der Altersgruppe 65+ verfügen über ein monatliches Nettoeinkommen von 2.000 Euro und mehr – im früheren Bundesgebiet sind es dagegen 25 Prozent aller Männer dieser Altersgruppe. Mehr als die Hälfte aller Männer in den neuen Bundesländern und Berlin müssen sich dagegen mit einem monatlichen Nettoeinkommen von 1.100 Euro und weniger begnügen. Aus diesen Daten kann das mittlere Einkommen – der Median (siehe Kasten) – abgeleitet werden. Im Mittel nämlich erzielen Männer im früheren Bundesgebiet ein monatliches Nettoeinkommen von 1.470 Euro, die Männer in den neuen Bundesländern inklusive Berlin verfügen demnach über etwa 350 Euro weniger, nämlich nur 1.115 Euro.

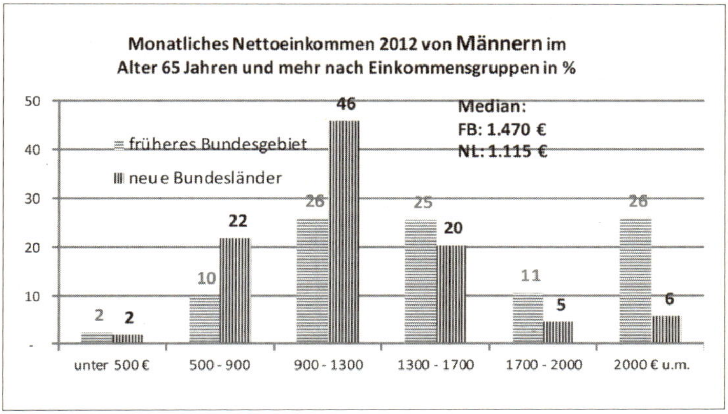

Quelle: Statistisches Bundesamt, Mikrozensus, eigene Berechnungen

Nur ein Zehntel der männlichen Personen im Rentenalter in den neuen Bundesländern beziehen monatliche Einkommen von mehr als 1.700 Euro, im Westen der Bundesrepublik sind es mehr als ein Drittel (37 Prozent).

Bei den *Frauen* im Rentenalter von 65 Jahren und mehr sind die monatlichen Nettoeinkommen noch differenzierter als bei den Männern der gleichen Altersgruppe: Auffallend ist vor allem die spiegelbildlich entgegen gesetzte Verteilung der Nettoeinkünfte zwischen Männern und Frauen im früheren Bundesgebiet: Während bei den westdeutschen Männern ein Viertel der Über-65-Jährigen ein monatliches Nettoeinkommen von 2000 Euro und mehr bezieht, befindet sich etwa ein Viertel der westdeutschen Frauen dieser Altersgruppe in der untersten Gruppe mit einem Nettoeinkommen von höchstens 500 Euro. Im Gegensatz dazu müssen sich lediglich acht Prozent aller ostdeutschen Frauen über 65 mit einem derart niedrigen Einkommen begnügen.

Es gibt im Westen der Bundesrepublik viele einkommensschwache Frauen im Rentenalter. Aber auch der Anteil von Frauen mit höheren Einkommen ist im früheren Bundesgebiet nicht unerheblich. Die Spaltung von Reich und Arm ist in diesem Landesteil beim weiblichen Geschlecht viel ausgeprägter als im Osten der Bundesrepublik. So ist es nicht überraschend, dass die mittleren Einkommen (Median) für Frauen im Alter von 65 Jahren und mehr im früheren Bundesgebiet inzwischen im Jahr 2012 etwas niedriger geworden ist als der Einkommensmedian ostdeutscher Frauen.

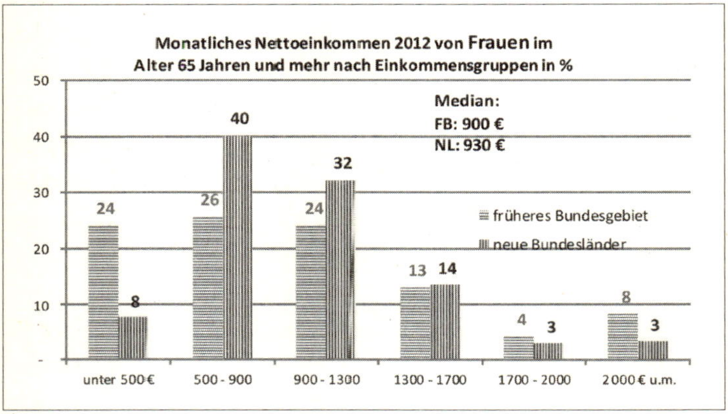

Quelle: Statistisches Bundesamt, Mikrozensus, eigene Berechnungen

Auf keinem Fall kann an Hand dieser Daten die Behauptung der höheren Renteneinkommen in Ostdeutschland weiter gepflegt werden. In der gegenwärtigen deutschen Rentnergeneration gibt es eine Kluft zwischen niedrigen und höheren Einkommen, die nicht immer identisch ist mit der vermeintlichen West-Ost-Einkommensschere.

Ostdeutschlands gegenwärtige Bevölkerungsstruktur ist das Muster der Bundesrepublik des Jahres 2035

Mit der gegenwärtigen altersmäßigen Zusammensetzung der Bevölkerung Ostdeutschlands ist ein stetiger Rückgang der Einwohnerzahlen vorprogrammiert. Wie bereits beschrieben, kann dieses Dilemma nicht durch eine verstärkte Einwanderung von Ausländern kompensiert werden. Die Konsequenzen sind bei einer Fortführung der bisherigen Wirtschafts- und Sozialpolitik dramatisch und werden zwangsläufig das gesicherte bisherige Weltbild verändern.

- Verabschieden wird sich die Gesellschaft von einem ständig kontinuierlichen Wachstum. Erstens fehlen sowohl die dazu erforderlichen Arbeitskräfte und ihr Ausfall kann nicht durch eine dementsprechend höhere Arbeitsproduktivität kompensiert werden. Es fehlen aber auch die Konsumenten, die die Mehrproduktion verbrauchen können. Hinzu kommt, dass durch den bisherigen Raubbau an natürlichen Ressourcen die Möglichkeiten für eine weitere Ausdehnung der Produktion sogar weiter eingeschränkt werden.
- Dramatischer wirkt ein rapider Bevölkerungsrückgang auf die materielle und soziale Infrastruktur aus. Bei sinkender Bevölkerung sind die bisherigen Einrichtungen des Verkehrs, der Energieversorgung, der Bildung, des Gesundheitswesens sowie der Wohnungsbestand überdimensioniert und können nicht in diesem Umfang aufrechterhalten werden. Es ist absehbar, dass in Deutschland erstmalig nach vier Jahrhunderten wieder Wüstungen – verlassene Dörfer und Städte – entstehen.
- Bedingt durch die Überalterung und den damit einhergehenden Einkommensverlusten wird die Nachfrage nach Gütern des täglichen Bedarfs noch schneller sinken und so die wirtschaftliche Abwärtsspirale beschleunigen.

Projektionsrechnungen des ifo-Instituts deuten darauf hin, dass allein wegen der absehbaren demografischen Entwicklung die Pro-Kopf-Einkommen zwischen West- und Ostdeutschland nicht erreicht werden.

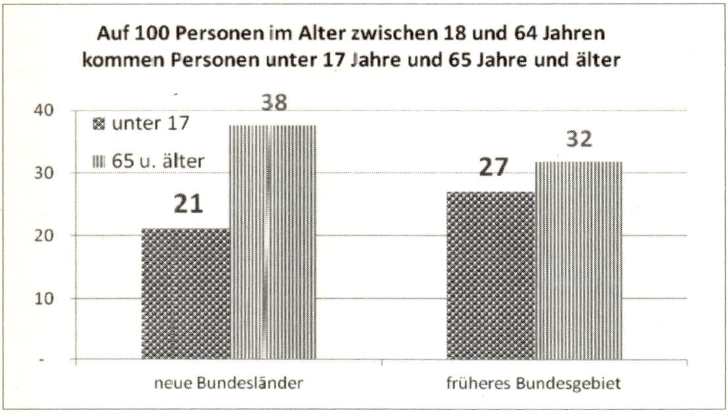

Quelle: Statistisches Bundesamt, Ergebnisse Zensus 2011

Dabei gibt es in Ostdeutschland viele Regionen, in denen die Überalterung der Bevölkerung bereits das Niveau der gesamten Bundesrepublik von 2030 oder 2040 schon erreicht hat. Der Altenquotient (Einwohner im Alter von 60 Jahren und mehr bezogen auf 1000 der Gesamtbevölkerung) betrug Ende 2012 nach der Bevölkerungsfortschreibung in der Bundesrepublik 266 Personen.

Dabei sind die regionalen Unterschiede sehr groß und sind nicht einseitig West- oder Ostdeutschland zuzuordnen.

Einwohner im Alter 60 Jahre und mehr auf 1.000 Einwohner insgesamt 31. 12. 2012 (jeweils die fünf höchsten Altenquotienten)

Kreise/Städte neue Bundesländer	Altenquotient	Kreise/Städte alte Bundesländer	Altenquotient
Stadt Dessau-Roßlau	358	Osterode/Harz	340
Stadt Suhl	351	Stadt Baden-Baden	336
Altenburger Land	345	Lüchow-Dannenberg	331
Chemnitz	343	Goslar	330
Vogtlandkreis	342	Ost-Holstein	327

Quelle: Statistisches Bundesamt, eigene Berechnungen

Die höchsten Altenquotienten in den neuen Bundesländern haben ausschließlich Zentren, die vor 1990 stark industrialisiert waren, während relativ dünn besiedelte Kreise wie die Prignitz (Altenquotient 324) oder die Uckermark (Altenquotient 307) nicht zu den Spitzenreitern von Kreisen in Ostdeutschland mit hoher Überalterung gehören.

Anders ist die Situation in den westdeutschen Kreisen und Städten. Eine Sonderstellung nimmt die Stadt Baden-Baden ein. In diesem traditionellen Kurort haben sich gut betuchte Pensionäre niedergelassen, die in diesem Flair ihren Lebensabend genießen wollen. Deshalb ist hier der Altenquotient für westdeutsche Verhältnisse außerordentlich hoch. In der gleichen Gruppe mit einem hohen Altenquotienten befinden sich überwiegend Kreise mit einer geringen Bevölkerungsdichte, während entindustrialisierte Städte wie Pirmasens mit einem Altenquotient von 313 ebenfalls zu den extrem überalterten Städten/Kreisen im Westen der Bundesrepublik gehören.

Es gibt noch einen weiteren wichtigen Unterschied zwischen dem früheren Bundesgebiet und den neuen Bundesländern hinsichtlich der geografischen Verteilung der Altenquotienten: In den neuen Bundesländern sind es zumeist geschlossene und zusammenhängende Gebiete in Sachsen und in Sachsen-Anhalt mit hohen Altenquotienten, im Westen der Bundesrepublik sind Kreise und Städte mit hohen Altenquotienten wie auf einem Flickenteppich über das ganze Land verteilt. So verstärken sich zusätzlich die aus Überalterung ergebenden wirtschaftlichen und sozialen Konsequenzen besonders rasch in diesen Teilen Ostdeutschlands.

Eine abgestimmte gesamtdeutsche Strategie, wie diesem Prozess zu begegnen ist, ist gegenwärtig nicht erkennbar. Auch hier hindert die föderale Struktur und Verteilung der Verantwortlichkeiten in der Bundesrepublik, verschiedene Lösungsvarianten gesamtdeutsch zu testen und anschließend zu verallgemeinern. Der von nicht wenigen Landespolitikern gepflegte Ländereegoismus verhindert ein derartiges Herangehen. Fakt bleibt: Die gegenwärtige Altersstruktur in den neuen Bundesländern wird wahrscheinlich schon im Jahr 2030 die gesamte Bundesrepublik erfassen. Ob dann die bundesdeutsche Gesellschaft für diese neuen Herausforderungen gewappnet ist, bleibt zu bezweifeln.

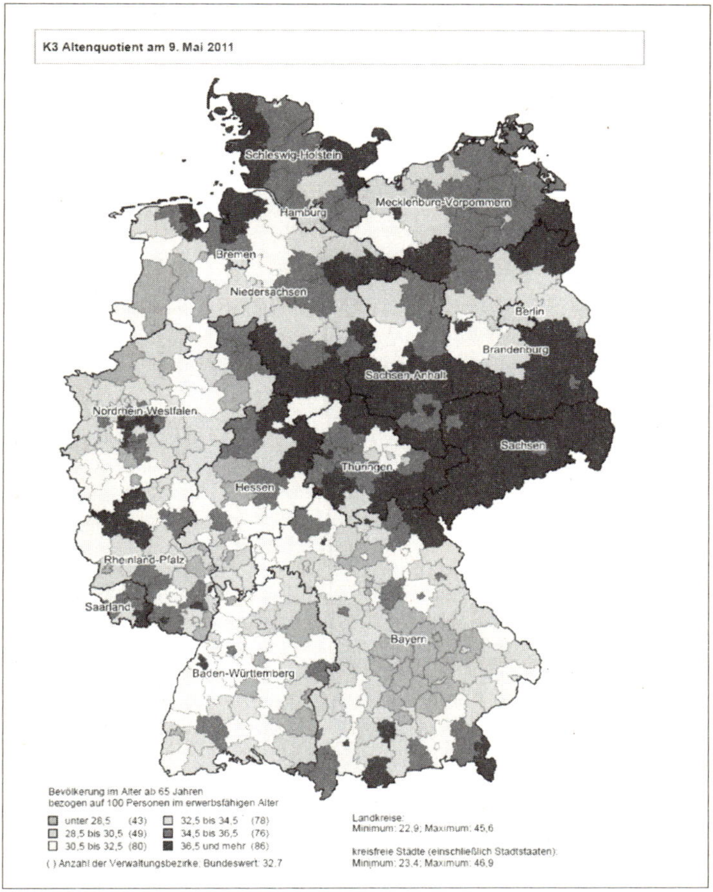

Quelle: Statistisches Bundesamt

Die bisher geschilderte Entwicklung der Einkommen der einzelnen Bevölkerungsschichten in den neuen Bundesländern hat überwiegend wirtschaftliche Ursachen, auf die noch einzugehen ist. Eine derartige Ursachenforschung hilft auch die Chancen für eine Wende der bisherigen Entwicklung zu erkennen. Um es vorwegzunehmen, die Aussichten einer Wende der bisherigen Entwicklung waren und bleiben gering.

Wachstumsträger Industrie lahmt in Ostdeutschland

Die gegenwärtige Wirtschaftsstruktur in Ostdeutschland verfügt unter den Bedingungen einer radikal marktwirtschaftlichen Wirtschaftspolitik äußerst geringe Wachstumspotentiale. Die im Westen der Bundesrepublik vorhandenen Industriestrukturen sind auf eine expansive Exportstrategie ausgelegt, die Konkurrenten auch aus dem eigenen Land nicht dulden. Langanhaltende Exportüberschüsse wurden so im letzten Jahrzehnt generiert. Dieses Muster an Wirtschaftspolitik stößt zunehmend an ihre Grenzen, denn derartige Überschüsse können nicht auf Dauer erwirtschaftet werden. Dabei stellt der Export von Waren und Dienstleistungen keineswegs und grundsätzlich ein Problem dar. Vielmehr waren in der Vergangenheit steigende Exporte ein Zeichen zunehmender Arbeitsteilung und internationaler Verflechtung. Höchst problematisch wird es, wenn ein Land wie die Bundesrepublik ständig mehr Waren und Dienstleistungen aus- als einführt. Dem Überschuss des einen Landes steht fortwährend dann ein entsprechendes Defizit anderer Volkswirtschaften gegenüber und führen so zu immer höheren Forderungen, deren Begleichung zu einer Kette wirtschaftlichen Turbulenzen führen, wie es in den vergangenen Jahren besonders im Euro-Raum zu beobachten war.

Während der anhaltenden Finanz-, Wirtschafts- und Schuldenkrise in Europa hat sich die Wertschätzung für die Industrie in der politischen Diskussion und der öffentlichen Wahrnehmung in den letzten Jahren deutlich erhöht. Politiker haben wieder die Bedeutung des Verarbeitenden Gewerbes für Europa hervorgehoben und sich dafür ausgesprochen, den industriellen Sektor zu stärken. Die EU-Kommission hat im Herbst 2012 das Ziel formuliert, den Industrieanteil in Europa von aktuell 16 Prozent bis 2020 wieder auf 20 Prozent zu steigern. Dabei ist zu berücksichtigen, dass der industrielle Sektor sehr heterogen zusammengesetzt ist. Neben hochtechnologischen Branchen wie Flugzeugbau oder elektronischen Ausrüstungen zählen zum Verarbeitenden Gewerbe auch ehrenwerte Tätigkeiten wie die Reparatur von Möbeln oder Schuhen.

Insgesamt wurde 2013 das Niveau der industriellen Wertschöpfung des Verarbeitenden Gewerbes des Jahres 1989 in Ostdeutschland nicht erreicht. Nach einem kontinuierlichen, allerdings nicht sehr kräftigen Wachstum bis 2007 gab es anschließend einen Absturz, der bis 2013 noch nicht aufgeholt wurde.

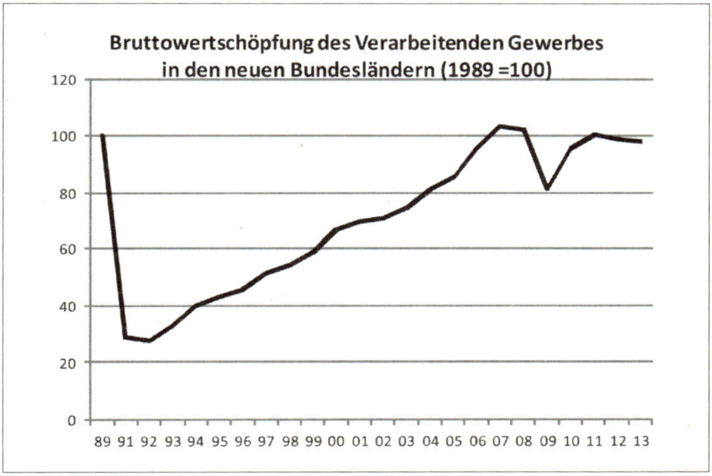

Quelle: Statistisches Bundesamt, Heske: Gesamtrechnung Ostdeutschland, Supplement No. 17 (Neue Bundesländer ohne Berlin)

Eine Ursache für das verhaltene Wachstum in Ostdeutschland liegt in den Strukturschwächen des Verarbeitenden Gewerbes. Umsatzstärkste Branche in Ostdeutschland ist die Nahrungsgüterindustrie mit einem Anteil 14 Prozent aller Umsätze des Verarbeitenden Gewerbes. Im Westen der Bundesrepublik belegt diese Branche erst den vierten Platz und erbringt nur acht Prozent aller Umsätze des Verarbeitenden Gewerbes. Bei einer stagnierenden Bevölkerung und einem hohen Verbrauchsniveau existieren deshalb nur geringe Wachstumspotentiale in dieser Branche.

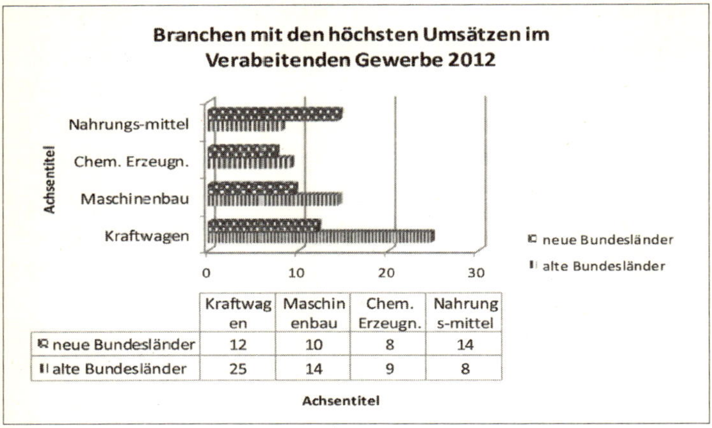

	Kraftwagen	Maschinenbau	Chem. Erzeugn.	Nahrungs-mittel
neue Bundesländer	12	10	8	14
alte Bundesländer	25	14	9	8

Noch eindrucksvoller ist die Strukturschwäche des Verarbeitenden Gewerbes in Ostdeutschland zu charakterisieren, wie viele die Beschäftigten in den Zweigen der Herstellung von Waren in der Spitzen- und mittleren Hochtechnologie arbeiten.

Spitzen- und Hochtechnologien zeichnen sich durch eine hohe Wertschöpfung aus. Dazu gehören kurz gefasst Industriezweige Chemische Industrie, Fahrzeug- und Maschinenbau, Elektrotechnik im weitesten Sinne Datenverarbeitungsgeräte. Regionen mit ausgeprägter Hochtechnologie – das heißt mehr als 12 Prozent und mehr der Beschäftigten des Verarbeitenden Gewerbes arbeiten in diesen Branchen – gibt es im Osten der Bundesrepublik nicht mehr. Ehemals Hochburgen deutscher Spitzentechnologie wie Thüringen und Chemnitz sind in das untere Mittelfeld abgerutscht. Der Raum Dresden, mit einer exzellenten Technischen Universität, befindet sich im Schlussfeld der deutschen Regionen.

Anteil der Beschäftigten in Zweigen der Herstellung von Waren in der Spitzen- und mittleren Hochtechnologie in Prozent im Jahr 2008

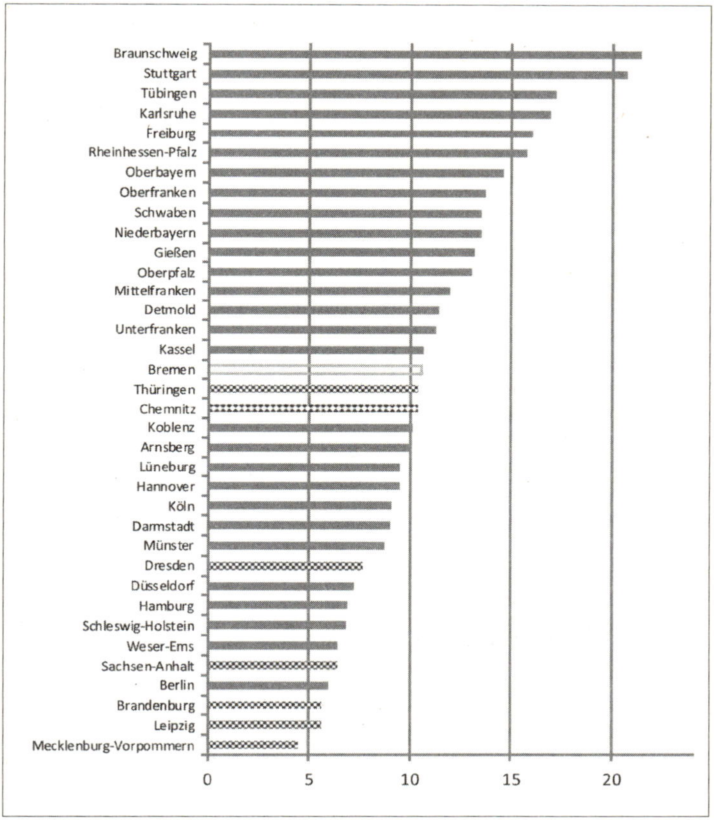

Quelle: Eurostat Datenbank

Unübersehbar bleibt, dass im Osten der Bundesrepublik Großbetriebe mit hoher Produktivität und wirtschaftlicher Stärke fehlen. Nur ein Fünftel der Beschäftigten des Verarbeitenden Gewerbes arbeitet in Betrieben mit mehr als 1.000 Beschäftigten. Im früheren Bundesgebiet sind es dagegen 43 Prozent. Großbetriebe verfügen in der Regel über höhere Potentiale in Forschung und Entwicklung, im Marketing, der Erschließung neuer Märkte und bei der Finanzierung von Ausrüstungen, die kleine und mittlere Betriebe nur schwer mobilisieren können. Hinzu kommt, dass die wenigen Großbetriebe in Ostdeutschland oft Filialen von westdeutschen oder ausländischen Unternehmen sind, die letztlich über die getätigten Abschreibungen und die hier erwirtschafteten Gewinne in den Konzernzentralen entscheiden. Dass dabei ausschließlich das Wohl der ostdeutschen Filiale in den Mittelpunkt gerückt wird, ist nicht immer zu unterstellen.

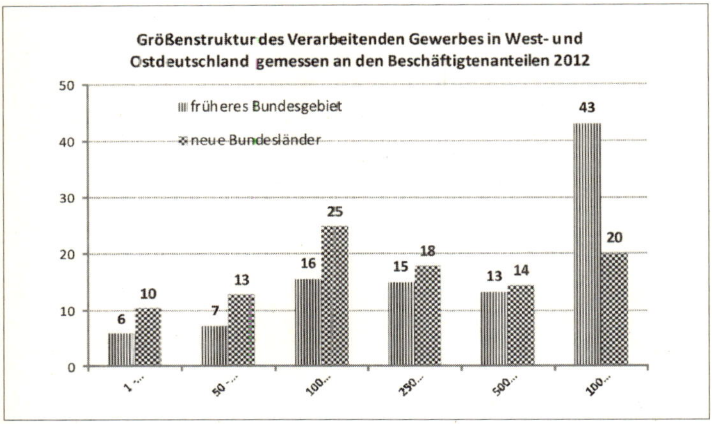

Quelle: Statistisches Bundesamt, Fachserie 4

Diese Strukturschwäche der ostdeutschen Industrie hat langfristige Folgen. Mit dieser Zweigstruktur und dem überwiegenden Anteil von kleinen und mittleren Betrieben bleibt die Arbeitsproduktivitätsentwicklung deutlich gegenüber den westdeutschen Betrieben zurück.

Noch dramatischer ist die Entwicklung der letzten Jahre: Die Schere in der Arbeitsproduktivität des verarbeitenden Gewerbes zwischen den beiden Teilen der Bundesrepublik vergrößert sich wieder. 2012 ist der absolute Rückstand bei der Bruttowertschöpfung je Beschäftigten genau so wieder hoch wie 1996.

In diesem Zusammenhang sind die bereits angeführten Fakten zur bisherigen Investitionsentwicklung zu betrachten. Es wäre ein Wunder, wenn in den nächsten Jahren eine entgegengesetzte Entwicklung eintreten könnte.

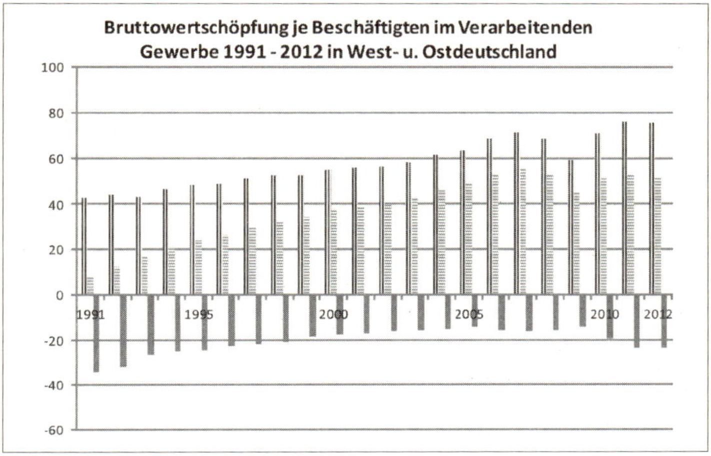

Neue Elbjunker ohne Adelstitel eroberten Ostdeutschland

Wenig beachtet wurde bei der Analyse der wirtschaftlichen Entwicklung der beiden letzten Jahrzehnte im Osten der Bundesrepublik die Landwirtschaft.

Die ursprüngliche Absicht der Bundesregierung, die in der DDR vorhandene Struktur mit Landwirtschaftlichen Produktionsgenossenschaften gründlich zu beseitigen und dafür einzelbäuerliche Strukturen in den neuen Bundesländern zu implantieren, sind am Widerstand der Genossenschaftsbauern gescheitert. Es bildeten sich Agrargenossenschaften in unterschiedlichen Rechtsformen, Einzelbauern – so genannte »Wiedereinrichter« blieben eine Minderheit. Ein Blick nach Westdeutschland belehrte schon damals die ostdeutsche Bauernschaft, dass traditionelle

Familienbetriebe in Deutschland und im Euroraum geringe Entwicklungschancen besitzen. Nach dem Landwirtschaftsanpassungsgesetz hatten sie sich bis 1991, also in aller Eile, entweder auflösen oder in eine der vorgeschriebenen privatrechtlichen Form umwandeln müssen.

Es bildete sich zunächst eine Reihe von Agrargenossenschaften, die nun in die Marktwirtschaft starteten. Inzwischen verwandelten sich nicht wenige dieser Einrichtungen, die sich mit der Bezeichnung Genossenschaft schmückten, in Aktiengesellschaften – aufgekauft von finanzkräftigen Kapitalanlegern. Es entstanden riesige Agrarunternehmen, gegen die sich die ostelbischen Junker des 19. Jahrhunderts wie kleine Krauter ausnehmen.

Während der Finanzkrise vagabundierte genügend Geld auf der Suche nach einem sicheren Unterschlupf. Der Wettlauf um den Acker trieb die Bodenpreise in ungeahnte Höhen. Kleinbauern, Ökolandwirte und traditionelle Genossenschaften hatten dabei das Nachsehen.

Im Jahr 2013 veräußerte die bundeseigene Bodenverwertungs- und -verwaltungsgesellschaft (BVVG) 36.100 Hektar landwirtschaftliche Nutzfläche. Sie führte insgesamt 436 Millionen Euro an das Bundesfinanzministerium ab. Ein finanzieller Beitrag aus den neuen Bundesländern für den Gesamtetat, der bei vielen Rechnungen über Leistungen und Gegenleistungen aus den neuen Bundesländern unterschlagen wird.

Faktisch existieren in den neuen Bundesländern weder Klein-, noch Mittel oder Großbauern.

68 Prozent der Ackerfläche gehören Agrarbetrieben mit einer Ackerfläche von 500 ha und mehr. Im früheren Bundesgebiet bewirtschaften Betriebe dieser Größenordnung lediglich 8 Prozent des Ackers. Landwirtschaftliche Betriebe mit bis zu 50 ha Ackerfläche führen in Ostdeutschland ein Schattendasein – sie nutzen lediglich 4 Prozent der Ackerfläche. Zum Vergleich: Im früheren Bundesgebiet haben 30 Prozent der Betriebe eine derartige Größenordnung.

Ein gänzlich anders Bild zeigt die Agrarstruktur im früheren Bundesgebiet: Hier überwiegen noch Mittelbetriebe, Großbetriebe mit einer Ackerfläche von mehr als 500 Hektar bewirtschaften lediglich 8 Prozent der Ackerfläche.

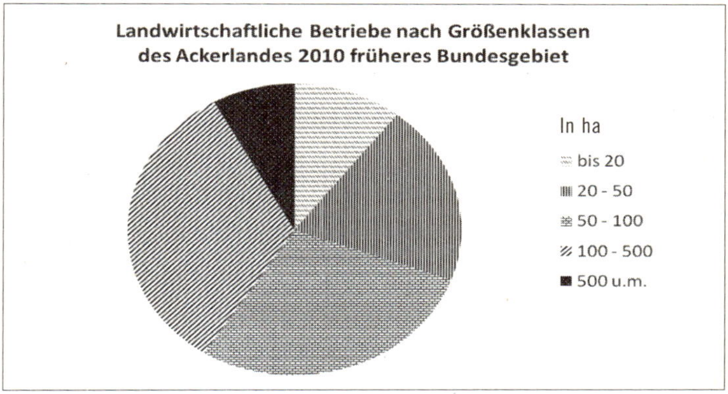

Quelle: Statistisches Bundesamt, Genesisdatenbank, eigene Berechnungen

Diese Größenstruktur der ostdeutschen Landwirtschaft ist verheerend. Nachhaltiges Wirtschaften auf dem Ackerland, von Generationen Landwirten gepflegt, ist jetzt ein Fremdwort geworden.

Zur Erinnerung: In der DDR wurde die Bevölkerung mit Nahrungsmitteln aus eigener Produktion mit einigen Ausnahmen, wie Südfrüchten oder Kaffee, stabil und auf einem hohen Niveau versorgt. Der Pro-Kopf-Verbrauch an Fleisch und Butter war damals sogar höher als im benachbarten Westdeutschland. (Siehe Anlage 3 Abb. 52)

2012 ist die Landwirtschaft in den neuen Bundesländern nicht wiederzuerkennen.

Die landwirtschaftliche Nutzfläche wird nicht mehr durch den geregelten Anbau von Getreide, Kartoffeln, Zuckerrüben, Futtermitteln bestimmt, sondern es gibt ausgeprägte Monokulturen von Mais und Raps zur Energiegewinnung mit nachhaltigen ökologischen Schäden. Dagegen ist der Anbau von Kartoffeln auf ein Zehntel geschrumpft. Kartoffeln werden nicht mehr vor Ort gepflanzt und geerntet, obwohl günstige natürliche Bedingungen existieren, sie werden zum Teil über mehrere tausend Kilometer aus Ägypten importiert. Ein weiteres Beispiel: An Stelle von 217.000 ha Zuckerrüben im Jahr 1989 werden nur noch 110.000 ha im Jahr 2012 angebaut. Nachhaltigkeit, Umweltschutz, Pflege des Ackerbodens, Erhaltung der Naturvielfalt werden kurzfristigem Profitstreben untergeordnet.

Noch ausgeprägter ist der Abbau der Viehbestände in den neuen Bundesländern, der sofort nach dem Beitritt dramatisch begann. Innerhalb von zwei Jahren schrumpften die Rinderbestände von 5,7 Millionen Stück auf 3,3 Millionen Stück, das heißt um mehr als ein Drittel, bei Schweinen sogar um 60 Prozent, von 12 Millionen Stück auf 4,8 Millionen. Ein derartiger Abbau von Agrarkapital innerhalb von zwei Jahren ist einmalig in der deutschen Geschichte. Selbst unmittelbar nach Kriegsende 1945/46 gab es nicht eine derartige Verödung von Tierbeständen. Das entsprach etwa einem damaligen Wertverlust von 4,5 Milliarden DM. In den Folgejahren wurden diese Bestände nicht wieder aufgebaut, sondern der Abbau setzte sich schleichend fort.

Bestand an Rindern und Schweinen 1989 und 2012 DDR 1989 – neue Bundesländer 2012 (1.000 Stück)

Tierart	1989	2012	Entwicklung 2012 gegenüber 1989 Prozent
Rinder	5.724	2.275	39,7
Schweine	12.013	4.338	36,1

2012 ist der Bestand an Rindern um 60 Prozent dezimiert, der von Schweinen um 64 Prozent.

Die Aufzucht und die Verarbeitung von tierischen Produkten wurden in den Westen der Bundesrepublik verlagert. Heute ist der Bestand an Schweinen im relativ kleinen Regierungsbezirk Münster in Nordrhein-Westfalen genau so groß, wie in den vier Bundesländern Mecklenburg-Vorpommern, Brandenburg, Sachsen und Sachsen-Anhalt zusammengenommen.

Die Viehbestände sind im Osten der Bundesrepublik ausgedünnt. Dabei wäre es unter ökologischen und wirtschaftlichen Bedingungen rationell, einen entsprechend großen Tierbestand um die 3,5 Millionen-Metropole Berlin zu halten. Die stärkere

Konkurrenz der Fleischindustrie im Westen der Bundesrepublik hat sich gegen ökologische und wirtschaftliche Vernunft durchgesetzt.

Anzahl Schweine je 100 ha landwirtschaftlich genutzter Fläche 2010 in einem Raster mit 5 km Weite

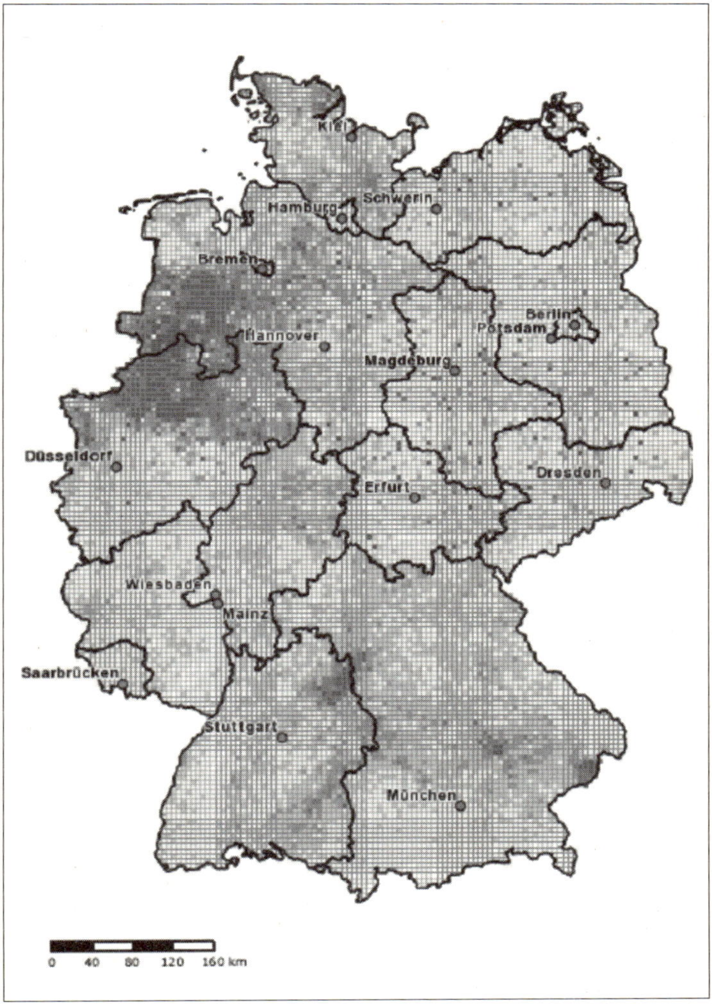

Ein ähnliches Bild über die Verteilung der Rinderbestände ergäbe ein analoges Bild.

Kahlschlag beim Obstanbau

Nachhaltig wurde zu Beginn der 1990er Jahre der Obstanbau in den neuen Bundesländern liquidiert. Unter dem Vorwand, das Obst entspräche nicht den EU-Vorschriften, wurden Millionen Obstbäume vernichtet. Für den Kahlschlag von einem Hektar Obstgehölze gab es 8.000 DM, wenn man sich verpflichtete, 15 Jahre keine neuen Obstbäume zu pflanzen. Große Lebensmittelketten verfügen auf diesem Sektor die Marktmacht, sie bestimmen den Preis und die Qualität der angebotenen Früchte. Hinzu kommt, dass der hiesige Obstanbau nur noch durch den Einsatz von unterbezahlten Saisonarbeitern aus Osteuropa rentabel gehalten wird.

Selbst nach mehr als zwei Jahrzehnten hat sich der Obstanbau in den neuen Bundesländern von diesem Schock nicht erholt, nur noch ein Bruchteil der damaligen Ernteerträge wird gegenwärtig hier erzielt. So sind die Erträge an Äpfeln in den neuen Bundesländern auf ein Drittel geschrumpft, in den anderen Landesteilen der Bundesrepublik blieben die Ernteerträge an Obst, abgesehen von den üblichen witterungsbedingten Schwankungen, konstant.

Unter den gegenwärtigen wirtschaftlichen und sozialen Bedingungen würde der Ausbau der Obstwirtschaft in den neuen Bundesländern lediglich ein weiteres Feld für Billiglohn und Sozialabbau eröffnen. Derartige Widersprüche gelten auch in anderen Bereichen. Deshalb ist es nicht einfach, vernünftige wirtschaftliche und soziale Lösungen in den neuen Bundesländern nicht nur in diesem Sektor zu finden.

Obsternte 1989 DDR und 2012 neue Bundesländer

Obstart	1989 1.000 t	2012 1.000 t	Entwicklung 2012: 1989 Prozent
Äpfel	756,5	242,2	32,0
Birnen	83,6	4,3	5,1
Süßkirschen	25,5	4,0	15,75
Sauerkirschen	46,7	6,6	14,1
Erdbeeren	31,4	15,6	49,7

Quelle: Statistische Jahrbücher DDR 1990 und Bundesrepublik 2012
eigene Berechnungen

Aus einer Region, die sich bis 1989 ausreichend selbst mit Grundnahrungsmitteln versorgen konnte, ist ein Anhängsel westdeutscher Nahrungsmittelkonzerne geworden. Damit fehlen hier vor Ort die entsprechenden Arbeitsplätze in der Landwirtschaft und der Nahrungsgüterindustrie, mit den daraus resultierenden Folgen für die Wirtschaftskraft der Region.

Hinzu kommen die unübersehbaren Umweltschäden auf dem Gebiet der Landwirtschaft durch die Monokulturen von Raps und Mais, deren Nachfolgeschäden überhaupt nicht beziffert werden können.

Ein Resümee

Mit den hier dargelegten Fakten erfolgte eine Bestandsaufnahme der wirtschaftlichen Entwicklung in den neuen Bundesländern nahezu 25 Jahre nach dem Beitritt der DDR zur Bundesrepublik. Unbestritten bleibt: Die Bundesrepublik bleibt ein wirtschaftlich und sozial gespaltenes Land mit geringen Aussichten, aus diesem Dilemma herauszukommen.

Zweifellos gab und gibt es für viele ehemalige DDR-Bürger neue und bessere Lebensbedingungen in den zurückliegenden

Jahren. Allein der Besitz einer stabilen und konvertierbaren Währung war ein gewaltiger Fortschritt. Die Modernisierung des Wohnungsbestands vor allen in den Städten hat die Lebensqualität vieler Bürger wesentlich verbessert, allerdings ist auch die Nachfrage nach Wohnraum durch den Wegzug von mehr als einer Million Bürger erheblich gesunken und viele können sich die schönen neuen Wohnungen finanziell nicht leisten. Die Umweltbelastungen wurden in Ostdeutschland drastisch gesenkt, die Wälder in Brandenburg, Mecklenburg-Vorpommern, Sachsen und Sachsen-Anhalt befinden sich in einem besseren Zustand als die in den westdeutschen Flächenländern.

Mit der bisherigen Wirtschaftspolitik ist es jedoch nicht gelungen, das wirtschaftliche West-Ost-Gefälle zu verringern, im Gegenteil – es zeichnet sich ab, dass der Osten Deutschlands an Wirtschaftskraft weiter verlieren wird. Hinzu kommt, dass auch zunehmend westdeutsche Regionen in einen wirtschaftlichen und sozialen Abwärtsstrudel geraten. Beispiele lieferte selbst die im Weltmaßstab hochproduktive Stahlindustrie an Rhein und Ruhr. Ob andere Industriezweige wie die noch boomende Kraftfahrzeugindustrie Westdeutschlands in den kommenden Jahrzehnten ihre Weltmarktführerschaft behaupten kann, ist ebenfalls nicht sicher.

Diese innerdeutschen Probleme können keineswegs wie noch andere vor der deutschen Gesellschaft stehenden Aufgaben mit den bisherigen Methoden der Wirtschaftspolitik bewältigt werden. In der Großen Koalition herrschen »aufgeklärte Ratlosigkeit« (Jürgen Habermas) und strategische Planlosigkeit. Joseph A. Schumpeters »*Bild eines Reiters*« drängt sich auf, »der durch den Versuch, sich im Sattel zu halten, so völlig in Anspruch genommen wird, dass er keinen Plan für seinen Ritt aufstellen kann.«[40]

Die in Deutschland praktizierte neoliberale Variante der Marktwirtschaft hat versagt, wenn es um die Angleichung der

---

40 Joseph A. Schumpeter: Kapitalismus, Sozialismus und Demokratie, München 1980 (1950), S. 456f

Lebensverhältnisse aller Landesteile in einem föderal gegliederten Land geht. Die »Herstellung gleichwertiger Lebensverhältnisse im Bundesgebiet« – ein Grundgesetzauftrag der Bundesrepublik Deutschland – wurde bisher selbst nach einem Vierteljahrhundert Beitritt nicht eingelöst. Es wird von politischen Entscheidungsträgern und Medien zunehmend in Frage gestellt.

Es ist zu bezweifeln, ob mit der bisherigen Entwicklung einer ungezügelten Verschwendung der Ressourcen und der Umverteilung des Reichtums von unten nach oben ein genereller Wandel einzuleiten ist. Die ökologischen Herausforderungen sind für die gesamte Gesellschaft unübersehbar. Die bisherige Entwicklung in Ostdeutschland unterstreicht, es muss generell für die Bundesrepublik und für die bisher hoch industrialisierten Länder nach neuen Strategien gesucht werden, nicht nur für Ostdeutschland, sondern für die industrialisierten Räume auf unserem begrenzten Planeten.

Eine Kehrtwende zu einem sozial-ökologischen Umbau in Deutschland, der Europäischen Union und weltweit ist unerlässlich, wenn die Menschheit als Ganzes überleben will. Das bestehende und sich immer noch weitgehend ungehemmt ausbreitende kapitalistische Gesellschaftssystem hat seine Unfähigkeit dazu hinreichend unter Beweis gestellt. Nur grundlegende gesellschaftliche Veränderungen werden auch Ostdeutschland wieder eine Perspektive schaffen. Diese Problematik übersteigt jedoch den Rahmen dieses Buches.

Anlagen

Anlage 1:
Auszüge aus Matthias Judt »Der Bereich Kommerzielle Koordinierung – Das Wirtschaftsimperium des Alexander Schalck-Golodkowski – Mythos und Realität« Verlag Chr. Links, 2014

KoKo dominiert zunehmend den »Westhandel«

Tabelle 45: Geplanter und sonstiger Westhandel der DDR 1975 bis 1989
(in Mio. VM, effektive Preise)

Jahr	Gesamter Westhandel			Darunter Planhandel			Darunter sonstiger Handel		
	Export	Import	Saldo	Export	Import	Saldo	Export	Import	Saldo
1975	7.790	10.463	-2.673	6.658	9.188	-2.530	1.132	1.275	-143
1976	9.132	13.123	-3.991	7.390	10.946	-3.556	1.742	2.177	-435
1977	8.952	12.710	-3.758	7.439	10.537	-3.098	1.513	2.173	-660
1978	9.526	12.294	-2.768	8.125	10.539	-2.414	1.401	1.755	-354
1979	10.469	14.226	-3.757	8.590	11.333	-2.743	1.879	2.893	-1.014
1980	12.824	15.463	-2.673	10.532	11.677	-1.145	2.292	3.786	-1.494
1981	15.603	14.956	647	12.678	11.479	1.199	2.925	3.477	-552
1982	20.572	16.904	3.668	14.906	10.985	3.921	5.666	5.919	-253
1983	22.000	18.916	3.084	13.963	10.722	3.241	8.037	8.194	-157
1984	24.737	20.897	3.840	15.143	10.061	5.082	9.594	10.836	-1.242
1985	23.649	18.709	4.940	15.858	10.094	5.764	7.791	8.615	-824
1986	19.460	18.587	873	14.284	12.665	1.619	5.176	5.922	-746
1987	17.472	18.506	-1.034	12.743	12.374	369	4.729	6.132	-1.403
1988	16.108	18.078	-1.970	11.526	11.080	446	4.582	6.998	-2.416
1989*	17.500	19.400	-1.900						

* gerundet

Zusammengestellt und berechnet nach: (für 1982 bis 1988) »Zur Entwicklung der Ex- und Importe insgesamt, einschließlich der sonstigen Ex- und Importe«, in: SAPMO-BA, DY 30 (hier Abteilung Planung und Finanzen), Nr. 7073, o. Bl., (für 1989): Lösch / Plötz 1994, S. 114f.

Der Anteil des »außerplanmäßigen Außenhandels« (KoKo) am Gesamtumsatz im Westhandel der DDR stieg von 22,9 Prozent (1980) auf 44,8 Prozent (1984). (Seite 146)

Markant ist, dass die Importüberschüsse im Westhandel ausschließlich im ungeplanten Außenhandel erwirtschaftet wurden. Im geplanten Außenhandel hingegen wurden zumindest in einigen Jahren mehr Ex- als Importe realisiert. (231)

Wenn die erneut wachsenden Importüberschüsse als wesentliche Ursache für die erneut steigende Westverschuldung identifiziert werden, dann könnte daraus der Schluss gezogen werden, das die im Wesentlichen im Auftrag von und/oder KoKo realisierten Außenhandelsgeschäfte der DDR eher geschadet als genutzt haben. ...

Daraus könnte die Einschätzung folgen, dass der Niedergang der DDR ganz wesentlich Ergebnis der KoKo-Tätigkeit selbst war. (Seite 180/181) **Es stellt sich angesichts der ungünstigen Bilanz im ungeplanten Außenhandel die Frage, ob KoKo den Niedergang der DDR in den 1980er Jahren nicht sogar gefördert hat. (232)**

Die »Analyse der wirtschaftlichen Lage der DDR« von Schürer, Beil, Schalck, Höfner, Donda vom Oktober 1989 gibt der DDR ökonomisch den Todesstoß.

Dabei spielte die Analyse der tatsächlichen wirtschaftlichen Lage der DDR am Ende des Jahres 1989 eine große Rolle. (233)

In dieser Studie wurde für 1989 ein Betrag von knapp 49 Mrd. Valutamark als Verbindlichkeiten der DDR in westlichen Ländern ausgewiesen ... Die Bundesbank stellte 1999 fest, ... dass die DDR in ihrem letzten Jahr mit nur etwas weniger als 19,9 Mrd. VM verschuldet war, was deutlich unter 10,8 Mrd. US-Dollar ausmachte. (236)

Eine Nettoverschuldung in der nur gut zwei Fünftel der ursprünglich gedachten Höhe bedeutete, dass die DDR in der Lage gewesen sein musste, diesen Schuldenstand zu beherrschen ... Immerhin entsprachen die Nettoverbindlichkeiten nur etwa nur einem Fünftel des ostdeutschen Bruttoinlandsproduktes des Jahres.

Die große Diskrepanz in den Angaben der Wirtschaftsfunktionäre und der Bundesbank zeigt, dass selbst führende Politiker der DDR offenkundig nicht korrekt über die tatsächliche Lage ihres Landes informiert waren. Wenn sie aber 1989 von falschen Voraussetzungen ausgingen, konnten ihre Empfehlungen, wie die Krise zu bewältigen sei, ebenfalls nur fehlerhaft sein. Mehr noch: Wenn der Finanzminister, der Chef der Staatlichen Plankommission, der Leiter der Staatlichen Zentralverwaltung für Statistik, der Außenhandelsminister und einer seiner Stellvertreter in der finalen Krise der DDR nicht richtig über die aktuelle Verschuldung der DDR informiert waren, was war dann über ihren Kenntnisstand zu früheren Schuldenständen zu sagen? Welche Entscheidungen hatten sie auf der Grundlage solcher falscher Daten in den Jahren zuvor getroffen? Welche Konsequenzen hatten diese? Wäre, mit besserer Information, ein anderer Verlauf der wirtschaftlichen Entwicklung in der DDR zu erreichen gewesen?

Jeweils ausgestattet mit nicht korrekten (hier eher überzogenen) Angaben zur Verschuldung der DDR musste nämlich eine Gruppe von Spitzenfunktionären befürchten, die jeweilige Lage des Landes sei überaus dramatisch, die Zahlungsfähigkeit der DDR gegenüber westlichen Gläubigern sei ernsthaft und offenbar jederzeit gefährdet.

Möglicherweise hat dieser Eindruck bei ihnen verstärkte Anstrengungen zur Förderung des Exportes in westliche Länder und zur Drosselung von Importen von dort ausgelöst. Gleichzeitig kann das aber bedeuten, dass Entscheidungen mit längerfristigen »negativen« Wirkungen für die Verschuldungssituation, etwa in Bezug auf weitere kreditfinanzierte Importe von Investitionsgütern zur erneuten Modernisierung der DDR-Volkswirtschaft, eher auf die lange Bank geschoben wurden. ... Ein früherer gezielter Einsatz verdeckter Devisenreserven hätte ganz generell Modernisierungsinvestitionen absichern können, die helfen konnten, in der DDR wieder mehr konkurrenzfähige Produkte für den Weltmarkt zu erzeugen. (236/237)

Für den gleichen Erlös in harten Devisen musste die DDR immer mehr Ware bereitstellen, die auch im Inland hätte Verwendung finden können. (173)

Zwischen 1980 und 1984 stieg der DDR-Export an Lebensmitteln im Jahresdurchschnitt um 20,4 Prozent. ..., bei Unterhaltungselektronik um 22,7 Prozent, Bei Haushaltsgeräten 14,8 Prozent, bei Möbeln 9,1 Prozent, bei Fußbodenbelegen und Teppichen 14,3 Prozent und bei Oberbekleidung, Trikotagen und Strümpfen 9,5 Prozent. (168)

Schalck gibt zwei Wochen später (nur) einen Teil seiner Reserven bekannt

Briefwechsel zwischen Schalck und Schürer von Mitte November 1989 (wenige Tage später, am 3. Dezember, flieht Schalck nachts um 0.40 Uhr in den Westen Deutschlands – ein Brief »zur Erleichterung des Gewissens?« K. B.)

Nur gut zwei Wochen nach dem Versand der von Schalck und Schürer mitgetragenen »Analyse der ökonomischen Lage der DDR« an das SED-Politbüro unterrichtete der Leiter des Bereiches Kommerzielle Koordinierung den Chef der Staatlichen Plankommission über den seiner Ansicht nach »tatsächlichen« Schuldenstand der DDR: Dieser läge nur bei etwa 38 Mrd. VM, was nach dem internen Wechselkurs zum US-Dollar 20,6 Mrd. Dollar entspräche ... Die DDR verfüge über verdeckte Devisenreserven.

Man kann in Bezug auf den Sinn und Zweck der Übergabe unterschiedlicher Informationen innerhalb des Herrschaftsgefüges der DDR nur spekulieren. Viele Autoren interpretieren die Angaben, die im Oktober 1989 an das SED-Politbüro mit dem Analysepapier der fünf Wirtschaftsfunktionäre übermittelt wurden, als den **Versuch der Autoren, die neue SED-Spitze zu mutigen Reformen zu bewegen**. ... Ohne die Planwirtschaft in Gänze in Frage zu stellen, stellten die fünf Autoren der Analyse allerdings umfassende Forderungen zu ihrer tief greifenden Reform auf, die wesentliche Teile des planwirtschaftlichen Systems faktisch in Frage stellten. (238–240)

(Hervorhebungen vom Autor K. B.)

Anlage 2: Alt-Nazis bereiten den Coup vor

(Auszug aus »Die Schulden des Westens« (1)

Angesichts des offenkundigen Desasters beim »Aufbau Ost« behaupten westdeutsche Politiker bis heute, dass sie 1990 von den Ereignissen überrollt wurden und natürlich kein Konzept für die Umwandlung einer Planwirtschaft der DDR in eine Marktwirtschaft der BRD haben konnten.

Westdeutsche Publizisten meinen: »Die Reise ins Abenteuer der Wiedervereinigung glich einem Blindflug in dichtem Nebel, und das in einem Flugzeug, das über keine Navigationsinstrumente verfügte«. (2)

Der denkende Mensch fragt: Wieso dieses, wo doch seit Jahrzehnten der »Tag X« vorbereitet worden war, der Alleinvertretungsanspruch die Politik der BRD auf allen Gebieten geprägt hatte und das Navigationssystem seit langem vorlag? Schließlich existierte seit 1949 in der Bundesrepublik ein »Bundesministerium für gesamtdeutsche Fragen« (seit 1969 umbenannt in »BM für innerdeutsche Beziehungen«.

Die Strategie für die feindliche Übernahme der DDR wurde bereits in den 50er und 60er Jahren durch die Adenauer-Regierung und ihr politisches und wirtschaftliches Management ausgearbeitet. Die geistigen Väter waren gestandene Nazigrößen.

Mit Beschluss der Adenauer-Regierung vom 12. Oktober 1952 wurde der »Forschungsbeirat für Fragen der Wiedervereinigung Deutschlands« gebildet. Seine Aufgabe bestand darin, »die bei der Wiedervereinigung Deutschlands notwendigen Sofortmaßnahmen« wissenschaftlich zu belegen. Zum Vorsitzenden des Forschungsbeirates wurde Dr. Friedrich Ernst berufen. Hinter diesem lag eine beachtliche Karriere im Nazireich.

1935 war er von Adolf Hitler zum Reichskommissar für das deutsche Kreditwesen ernannt worden. Von 1939 bis 1941 war er als Reichskommissar für die Verwaltung des »feindlichen Vermögens« zuständig, d. h. für das Eigentum der von Hitlerdeutschland überfallenen und okkupierten europäischen Staaten. Ernst war maßgeblich an der Ausarbeitung von Richtlinien für die Ausplünderung der überfallenen Sowjetunion beteiligt.

Dem Forschungsbeirat gehörten weitere Nazi-Größen an. So der Naziökonom Karl C. Thalheim, Imanuel Hauser und Matthias Kramer, Mitglieder des SS-Reichskommissariats für die »Festigung deutschen Volkstums«, sowie Bernhard Skrodzki, »Überlebensplaner« der Reichsgruppe Industrie 1944/45.

Weitere Alt-Nazis wurden im »Forscherkreis«, dem wichtigsten Arbeitsgremiums des Beirates, tätig.

Das Bundeskabinett unter Kanzler Konrad Adenauer segnete die Tätigkeit dieses nazistisch durchsetzten Forschungsbeirates mittels Beschluss am 17. August 1954 ab.

Allein die Zusammensetzung des Forschungsbeirates und seiner Arbeitsgremien mit Personen, die Erfahrungen über die Verwaltung von Gebieten besaßen, die durch den deutschen Faschismus erobert wurden, beweist, dass es der Bundesregierung nie um eine »Vereinigung« Deutschlands, sondern stets um Annexion und Anschluss der deutschen Ostgebiete ging.

Völlig richtig beschreibt der Gestalter des Einigungsvertrages, Wolfgang Schäuble, in seinem Buch »Der Vertrag« diesen Sachverhalt. »Ich musste Herrn de Maizière immer wieder darauf hinweisen, dass es sich um einen Anschluss der DDR und nicht um eine Vereinigung von zwei Staaten handelt«. (3)

Das Ergebnis der Arbeit des Forschungsbeirates wurde in einem am 16. Dezember 1960 vom Plenum verabschiedeten Dokument niedergelegt. Es trug die treffende Überschrift »Empfehlungen zur Einfügung der volkseigenen Industriebetriebe der SBZ in die nach der Wiedervereinigung zu schaffende im Grundsatz marktwirtschaftliche Ordnung«.

Dazu erklärte der Präsident des Forschungsbeirates: »Es genügt nicht, allgemein die deutsche Einheit zu beschwören und die Wiedervereinigung zu fordern. Man muss konkret auf sie hinarbeiten und sie konkret vorbereiten. [...] Den Weg zu öffnen, gangbar zu machen und zum Ziel zu führen, das ist Sache der Politik«. (4)

Folgerichtig beinhalteten die Dokumente des Forschungsbeirates sowohl grundsätzliche als auch bis ins Detail ausgearbeitete Maßnahmen zur Überführung der DDR-Wirtschaft in die westdeutsche Marktwirtschaft. Vergleicht man diese »Empfehlungen« mit den praktischen Maßnahmen nach 1990, so ist ohne Einschränkung festzustellen: Die Empfehlungen der Alt-Nazis wurden 30 Jahre später Schritt für Schritt in die Tat umgesetzt.

An wesentlichen Grundsätzen war in den »Empfehlungen« bereits 1960 fixiert:

- Die volkseigenen Betriebe sind zu selbständigen und marktwirtschaftlich fungierenden »modifizierten VEB« umzugestalten.
- Im Ergebnis von DM-Eröffnungsbilanzen ist über das Wohl und Wehe ihres Weiterbestehens oder ihre Liquidierung zu entscheiden.
- Zur Leitung der Überführung wird eine »Obere Behörde« – der Name »Treuhand« war noch nicht erfunden – geschaffen. Diese ist unmittelbar den zuständigen Zentralbehörden – praktiziert beim Finanzministerium – zu unterstellen. Zur Beratung ist ein Beirat aus »sachkundigen Personen« zu bilden. Die Obere Behörde hat Aufsichtsräte für die Auflösung, Liquidierung, Teilung oder Fusion der »modifizierten VEB« einzusetzen.

Im Forschungsbeirat wurden auch »Empfehlungen für die Umwandlung der Landwirtschaftlichen Produktionsgenossenschaften (LPG) in Übergangsgemeinschaften« erarbeitet. Diese sahen vor, die LPG als »wesentliche Elemente der sowjetzonalen Zwangswirtschaft« sobald als möglich aufzulösen und durch »Betriebsformen einer freiheitlichen Wirtschaft« zu ersetzen.

Von besonderer Bedeutung für den Vereinigungsprozess war, dass schon 1960 der Grundsatz »Rückgabe vor Entschädigung« fixiert wurde. Über die Alteigentümer wurde vermerkt, dass diese die Herausgabe der am 8. Mai 1945 im Grundbuch verzeichneten Grundstücke verlangen bzw. Bewirtschaftungsverträge

(Pachtverträge) abschließen können. Personen, denen durch die Bodenreform der Besitz entschädigungslos entzogen worden ist, sollten bevorzugt berücksichtigt werden. Entsprechendes sollte für die Erben gelten. Auch die Regelung der »Altschulden« wurde nicht außer Acht gelassen.

Ein spezieller Arbeitskreis im Forschungsbeirat beschäftigte sich mit den Problemen einer Währungsumstellung in Ostdeutschland. Dazu gehörte die Angleichung der ostdeutschen Löhne, Gehälter, Renten und privaten Sparguthaben an die der Bundesrepublik, sowie die Versorgung der ostdeutschen Industrie mit Kapital nach dem Tag X.

Der Finanzausschuss des Forschungsbeirates stellte fest, dass die Währungsumstellung im Verhältnis 1:1 zu erfolgen habe. Allerdings seien dabei »vorübergehende partielle, restriktive Maßnahmen« wie eine zeitweilige Sperrung von Sparguthaben und Bankkonten, ein Umtausch nur nach Kopfquoten und zu späterer Zeit Umstellung der über Kopfquoten hinausgehenden übrigen Bargelder denkbar.

Es wurden detaillierte Einzelregelungen zur Auflösung der Gewerkschaften, zum Aufbau einer Arbeitslosenvermittlung, für die Zerschlagung der Polikliniken, die Privatisierung der Wohnungsverwaltungen bis zur Umwandlung der Wälder in den »früheren Privatwald« erarbeitet.

In den 60er Jahren verschwanden diese Empfehlungen in den Schubfächern, da sie nicht mit dem Geist der Entspannungspolitik konform waren.

Anfang der 80er Jahre waren Konfrontationstheoretiker und entsprechende Institutionen wieder gefragt. Die Regierung Kohl setzte 1985 den Nazi-Veteran Karl C. Thalheim als Vorsitzenden einer »Wissenschaftlichen Kommission« ein. Seine Aufgabe bestand darin, Materialien zu einem »Bericht zur Lage der Nation im geteilten Deutschland« zu erarbeiten.

Im Dezember 1986 lieferte die Kommission diesen Bericht ab. Er hatte nicht nur die Empfehlungen des vormaligen Forschungsbeirates wieder ausgegraben, sondern diese aktualisiert und qualifiziert. Alt-Nazi Thalheim behielt es sich selbst vor, den extremen Reformbedarf der DDR-Ökonomie herauszuarbeiten.

Damit lag Mitte der 80er Jahre das theoretische Rüstzeug für die Angliederung der DDR an die BRD vor.

Quellen:

1 Vgl. auch: Ralph Hartmann, Die Liquidatoren. Der Reichskommissar und das wieder gewonnene Vaterland, edition ost, Berlin 2008

2 Uwe Müller, Supergau Deutsche Einheit. Berlin 2005, S. 37

3 Wolfgang Schäuble: »Es war Anschluss, nicht Vereinigung«. In: Neues Deutschland, 6. März 2006. Deshalb spreche ich auch nicht mehr von »Wiedervereinigung«, sondern wie Schäuble von »Anschluss«

4 Unfrieden in Deutschland. Weißbuch der Gesellschaft zum Schutz von Bürgerrecht und Menschenwürde e. V. (GBM), Berlin 1999, S. 59f.

Anlage 3:
Vertrauliche Verschlussache 1989: Schonungsloser Ost-West-Vergleich

Die nachfolgenden Tabellen wurden überwiegend von der Staatlichen Zentralverwaltung für Statistik der DDR erarbeitet.

Das Misstrauen der Öffentlichkeit war gegenüber den Angaben dieser Behörde sehr groß, da in der DDR-Zeit meist nur geschönte Berichte in den Massenmedien erschienen. »Fälscherwerkstatt Statistik« war eine der gängigsten und häufigen Unterstellungen.

Ganz anders der wahre Sachverhalt: Nach gründlicher Recherche kam das Statistische Bundesamt über die Validität der DDR-Statistik zu folgenden Erkenntnissen:

»Mit dem Ziel, die Planerfüllung zu erreichen, wurden gelegentlich geringfügige Veränderungen der statistische »Ist«-Ergebnisse vorgenommen. ... Doch wurden in der Regel von den befragten Unternehmen zum Nachweis der Planerfüllung die Planvorgaben der tatsächlichen Entwicklung angepasst. Das »Ist«-Ergebnis wurde streng kontrolliert und war weitestgehend richtig.«

»Die Statistiker hätten jedoch nicht das Recht zur Veröffentlichung gehabt. Statistiken als »Zuarbeit für Politiker« wurde in der Interpretation, in der Nichtveröffentlichung und in der Weglassung einzelner Zahlen bei der öffentlichen Darstellung häufig zur Wahrung des »schönen Scheins« des Sozialismus eingesetzt.«[41]

Zu den nachfolgenden Tabellen zum Vergleich der wirtschaftlichen und sozialen Entwicklung sind folgende Anmerkungen erforderlich. Sie wurden im September 1989 als »Vertrauliche Verschlussache« im September 1989 einem kleinen Empfängerkreis der Partei- und Staatsführung der DDR übergeben.

Diese Tabellensammlung hatte einen Vorlauf. In Vorberei-

---

41 Statistisches Bundesamt Wiesbaden, Pressemitteilung vom 11. April 1991 über ein Pressegespräch in Hannover.

tung des Honecker-Besuchs 1987 in die Bundesrepublik verlangte der damalige Wirtschaftssekretär Günter Mittag von der Staatlichen Zentralverwaltung für Statistik »einen schonungslosen realen Vergleich der wirtschaftliche und sozialen Lage in der DDR und in der Bundesrepublik ohne Tabus« anzufertigen. Dieses Material wurde Mittag Mitte Mai 1987 übergeben. Seine Reaktion war prompt und entschieden: Dieses Material darf auf keinen Fall einer anderen Person übergeben werden, die gesammelten Daten sind zu vernichten.

Wie das Leben spielt, ließ sich das gesammelte Wissen nicht vernichten. In den Turbulenzen im Herbst 1989 wurde diese Sammlung aktualisiert und einem größeren Personenkreis zur Verfügung gestellt.

Übrigens erschien im Heft 5/2001 des »Deutschland Archiv« ein ausführlicher Beitrag von Siegfried Kupper über diesen von Günter Mittag angeforderten »schonungslosen Vergleich«.

Wohnungsbestand in der DDR 1971 – 1989

	1971	1981	1989
Wohnungsbestand in 1.000	6.057	6.562	7.003
dar. Volkseigen	1.698	2.447	2.889
Genossenschaftlich	596	975	1.230
Privat u. Sonstige	3.763	3.141	2.883
Ausstatungsmerkmale			
von 100 Wohnunge mit Bad/Dusche			
insgesamt	39	68	82
dar. Volkseigen	55	72	.
Genossenschaftlich	75	91	.
Privar u. Sonstige	26	58	.
von 100 Wohnungen mit Innen-WC			
insgesamt	39	60	76
dar. Volkseigen	62	71	.
Genossenschaftlich	81	91	.
Privat u. Sonstige	22	42	.

Quelle: Statistisches Jahrbuch der DDR 1990

Kommentar 2014:
Im Verlauf des Zeitraums 1971 bis 1989 hat sich der Wohnungsbestand bei sinkender Bevölkerungszahl kontinuierlich erhöht. Der Ausstattungsgrad mit Innen-WC und Bad war in Wohnungen in Genossenschaftseigentum deutlich höher.

Für die Miete in einer 3-Zimmerwohnung mit Bad, Zentralheizung im Neubau musste ein Industriearbeiter in der DDR etwa 15 Stunden arbeiten, in der Bundesrepublik 41 Stunden.

(Siehe auch Tabelle Arbeitszeitaufwand für Dienstleistungen)

Berufstätige mit abgeschlossener beruflicher Ausbildung in volkseigenen und genossenschaftlichen Betrieben je 1.000 Berufstätige

		mit Hochschulabschluss	mit Fachschulabschluss	mit Meisterabschluss	mit Facharbeiterabschluss
Insgesamt					
1970	647	39	68		480
1980	837	67	121	37	577
1985	883	75	134	39	602
1989	903	81	141	42	606
darunter weiblich					
1970	533	22	51		394
1980	775	47	140	8	546
1985	844	58	168	10	579
1989	877	67	185	12	585

Quelle: Statustisches Jahrbuch der DDR 1990

Kommentar 2014:
In der DDR hatten fast 90 Prozent aller Berufstätigen eine abgeschlossene berufliche Ausbildung. Gegenüber 1970 hat sich das Qualifikationsniveau der Berufstätigen ständig erhöht. Das trifft besonders für Frauen zu. Nur ein Zehntel aller Berufstätigen besaß 1989 keine abgeschlossene berufliche Ausbildung.

2011 hatten etwa 17,8 Prozent aller erwerbstätigen Frauen und ebenfalls 16,7 Prozent aller erwerbstätigen Männer in der Bundesrepublik keinen beruflichen Abschluss.

(Quelle: Statistisches Bundesamt, Mikrozensus 2011)

Ausstattungsgrad mit langlebigen Konsumgütern je 100 Vier-Personen Arbeiter u. Angestelltenhaushalten				
		1970	1980	1988
Kühlschränke	DDR	80.6	98.7	98.6
	BRD	90.4	84.0	81.3
Gefrierschränke u. - truhen	DDR		13.3	53.0
	BRD	18.5	63.4	71.7
Waschmaschinen	DDR	76.4	54.2	25.8
	BRD	31.1		
Waschautomaten	DDR	.	46.8	81.2
	BRD	53.0	78.8	97.8
Fernsehgeräte s/w	DDR	92.2	86.0	59.3
	BRD	89.4	57.1	34.8
Fernsehgeräte Farbe	DDR	.	19.0	58.0
	BRD	3.5	73.8	91.2
PKW	DDR	23.0	57.4	67.4
	BRD	51.0	82.2	94.8
Fernsprechanschlüsse	DDR	.	12	14 (1)
	BRD	.	86	94 (1)

1) 1985

Kommentar 2014: Die ausgewählten Industrieerzeugnisse repräsentieren die Entwicklung einer »Konsumentengesellschaft« in den beiden deutschen Staaten in diesem Zeitabschnitt, ohne dass es der DDR gelang, den Vorsprung der Bundesrepublik aufzuholen. Besonders blieb die die DDR bei der Vergabe von Fernsprechanschlüssen zurück, ein in der DDR in den 1980er Jahren besonders beklagter Umstand. Aus heutiger Sicht im Zeitalter der Mobiltelefone ist das damalige Dilemma natürlich völlig gegenstandslos geworden.

Pro-Kopfverbrauch von Nahrungsmitteln in kg

Warenart		1970	1980	1988*
Nahrungsfette insg. (Fettwert)	DDR	27.7	26.8	24.6
	BRD	26.2	26.5	27.5
dar.: Pflanzenfett (Fettwert)	DDR	11.1	9.9	10.2
	BRD	12.8	14.2	13.7
Butter (Fettwert)	DDR	11.2	10.9	9.0
	BRD	7.3	6.1	6.7
Fleisch (Fleischgewicht)	DDR	66.1	89.5	100.2
	BRD	74.5	90.6	93.6
Eier (Stück)	DDR	239	289	305
	BRD	264	285	268
Mehl u. Nährmittel einschl. Reis	DDR	97.3	94.5	99.3
	BRD	68.7	72.2	76.9
Speisekartoffeln	DDR	153.5	148.1	156.1
	BRD	102.0	86.0	72.3
Gemüse	DDR	84.8	93.8	106.0
	BRD	65.4	73.4	77.4
Obst u. Südfrüchte	DDR	55.5	71.1	76.9
	BRD	117.8	126.1	134.3
Weißzucker	DDR	34.4	40.6	41.4
	BRD	32.4	36.9	34.9

* BRD 1987

Kommentar 2014: Aus heutiger Sicht sieht gesunde Ernährung anders aus. Am »Hungertuch musste die DDR-Bevölkerung nicht nagen«. Dem geringeren Verbrauch von Südfrüchten stand ein höherer Verbrauch an Gemüse gegenüber.

Durchschnittlicher Netto-Stundenverdiensteines Industriearbeiters 1988

DDR	in Mark:	5,46
BRD	in DM:	12,71

Arbeitszeitaufwand eines Industriearbeiters für den Kauf von Konsumgütern			
Warenart	Mengeneinheit	in Stunden : Minuten	
		DDR	BRD
Mischbrot	1 kg	0:07	0:15
Kartoffeln	5 kg	0:10	0:20
Rindfleisch (Schmorfleisch)	1 kg	1:47	1:22
Butter	1 kg	1:46	0:41
Zucker	1 kg	0:17	0:09
Weizenmehl	1 kg	0:14	0:06
Milch	1 Liter	0:07	0:06
Eier (Sorte AA)	10 Stück	0:43	0:12
Bohnenkaffee	1kg	14:39	1:26
Flaschenbier (Pilsener)	1 Liter	0:20	0:08

Kommentar 2014: Einfache Lohn- und Preisvergleiche zwischen den beiden Staaten besaßen schon immer wenig Aussagekraft zur Beurteilung der Lebenslage. Industriegüterpreise waren in der Regel in der DDR deutlich höher, Tarife für wichtige Dienstleistungen dafür entschieden niedriger. Doppelt so hohe Löhne in der Bundesrepublik bedeuteten keinesfalls einen doppelt so hohen Lebensstandard.

Arbeitszeitaufwand eines Industriearbeiters für den Kauf von Konsumgütern

Warenart	Mengen-einheit	in Stunden : Minuten	
		DDR	BRD
Herrenanzug	1 Stück	64:06	27:12
Damenkleid	1 Stück	27:17	14:05
Herren-Anzugshemd	1 Stück	8:47	3:25
Damen-Feinstrumpfhose	1 Paar	2:34	0:25
Herrenschuhe	1 Paar	24:11	8:11
Damenschuhe	1 Paar	25:38	10:47
Haushaltskühlschrank (160l)	1 Stück	273:49	43:59
Haushaltswaschmaschine Vollautomat	1 Stück	503:40	76:43
Farbfernsehgerät (66cm,			

Arbeitszeitaufwand eines Industriearbeiters für die Inanspruchnahme von Dienstleistungen

Dienstleistung	in Stunden : Minuten	
	DDR	BRD
Miete für 2-Zimmerwohnung Bad, Ofenheizung	8:14	21:29
Miete für 3-Zimmerwohnung (Bad, Zentralheizung, Neubau)	15:23	41:32
Braunkohlenbrikett, 500 kg	4:19	16:25
Elektroenergie mit Grundgebühr für 3-Raumwohnung	1:28	2:29
Eisenbahnfahrt (einfache Fahrt 40 km, 2.Klasse	0:35	0:35
Taxifahrt 3 km	0:32	0:43
Herrenhaarschnitt (Fasson)	0,19	1:00
Damenfriseurleistung (Waschen u. Legen)	0:35	1:22
Briefporto Inland ein Brief	0:02	0:04
Hörrundfunkgebühr ein Monat	0:23	0:25

Kommentar 2014: Frauen aus dem östlichen Teil Berlins haben nicht vergessen, dass es in den 1980er Jahren nicht immer einfach war, einen Friseurtermin zu erhalten, weil Damen aus Westberlin die für sie sehr billigen Friseurtarife im Ostteil gerne nutzten.

	Durchschnittliches monatliches Nettoarbeitseinkommen je Arbeiter und Angestellten Mark/DM		
	1980	1985	1988
DDR Mark	850	941	1.021
BRD DM	1.764	2.006	2.195
	1980 = 100		
DDR	100	110.7	120.1
BRD	100	113.6	124.4
	Index der Lebenshaltungskosten 1980 = 100		
DDR	100	107.1	112.3
BRD	100	120.9	122.0
	Index des realen Nettoarbeitseinkommen 1980 = 100		
DDR	100	103.4	106.9
BRD	100	94.0	102.0

Kommentar 2014:
In den zurückliegenden 23 Jahren ***sanken*** *die Nettoreallöhne aller abhängig Beschäftigten in der Bundesrepublik um* ***2,5 Prozent!*** *(Nettolohnsteigerung je abhängig Beschäftigten 1991–2013 um 47 Prozent, Preisindex der Lebenshaltung im gleichem Zeitraum um 51 Prozent.)*

Warum gelang es nicht, die Nettolohnentwicklung der 1980er Jahre in der Bundesrepublik nach 1991 trotz steigender Arbeitsproduktivität um etwa 22 Prozent fortzusetzen?

Renten und Sozialhilfe

	1980	1985	1989
Unterstützungsempfänger für Leistungen der Sozialfürsorge in der DDR (Personen)	17.172	8.150	5.535
Sozialhilfeempfänger in der Bundesrepublik (Personen)	2.144.000	2.814.000	3.626.000
Durchschnittliche Renten aus der Sozialversicherung DDR (Mark)	448	471	482
Durchschnittliche Renten aus der Sozialversicherung BRD (DM)	795	928	1.008

Quellen: Statische Jahrbücher der DDR 1990, der Bundesrepublik 1991

Kommentar 2014:

1. *Wie ab Seite 112 beschrieben, sind Renten in der Bundesrepublik nicht die alleinige Einkommensquelle von älteren Personen. Es fehlen in dieser Übersicht die in der Bundesrepublik gezahlten Pensionen, die zu den Alterseinkünften gehören.*
2. *Im Vergleich zu den in der Bundesrepublik gezahlten Rentenbeträgen sehen dies in der DDR zunächst kläglich aus. Dabei ist zu berücksichtigen, dass in der DDR auch Mindestrenten gab, deren Höhe nach der Zahl der geleisteten Arbeitsjahre zwischen 330 und 470 Mark lagen. Waren und Dienstleistungen waren in der DDR preiswerter als in der Bundesrepublik.*
3. *Nicht zu unterschätzen bei einem derartigen Vergleich ist der höhere Grad an Frauenbeschäftigung in der DDR, der zu weit höheren Rentenansprüchen bei Frauen führte. Deshalb besaßen Rentnerehepaare ein höheres Familieneinkommen von etwa von 900 Mark.*
4. *Neben der fehlenden Arbeitslosigkeit in der DDR führte es dazu, dass die Zahl der Empfänger von Sozialfürsorge in der DDR niedrig blieb.*

Innerdeutscher Werkzeugmaschinenbau im Vergleich

Jahr	BRD	DDR	BRD	DDR
	Mio. Euro		Verteilung Prozent	
1980	4.371	828	84,1	15,9
1981	4.570	957	82,7	17,3
1982	4.352	1.020	81,0	19,0
1983	4.172	1.083	79,4	20,6
1984	4.083	1.148	78,1	21,9
1985	4.742	1.099	81,2	18,8
1986	5.744	1.111	83,8	16,2
1987	5.869	1.206	83,0	17,0
1988	5.889	1.310	81,8	18,2
1989	6.586	1.390	82,6	17,4
Jahr	früheres Bundesgebiet	neue Bundesländer	früheres Bundesgebiet	neue Bundesländer
	Mio. Euro		Verteilung Prozent	
2008	19.610	1.650	92,2	7,8
2009	13.470	1.160	92,1	7,9
2010	13.430	1.150	92,1	7,9
2011	17.360	1.510	92,0	8,0
2012	18.390	1.720	91,4	8,6
2013	19.080	1.710	91,8	8,2

Quellen: © Statista 2014, für die Daten 2008 - 2013
VDW, Verein Deutscher Werkzeugmaschinenfabriken für die Daten 1980 – 1989

Kommentar 2014: Der Werkzeugmaschinenbau ist ein Kernzeichen eines entwickelten Industrielandes. Mit der Einführung elektronischer Steuerungen verzahnten sich in diesem Bereich hochentwickelter Maschinenbau und Computertechnik. Durch die Embargobestimmungen der NATO-Staaten konnte der DDR-Werkzeugmaschinenbau seine Marktanteile im nichtsozialistischen Wirtschaftsgebiet nur bedingt halten.

In den 1980er Jahren produzierte der Werkzeugmaschinenbau der DDR trotz widriger Bedingungen noch ein Fünftel des »gesamtdeutschen« Aufkommens, 2013 waren die neuen Bundesländer nur noch mit 9 Prozent an der gesamtdeutschen Produktion beteiligt.